Dr. Lotfi EL HADRI

Au-Delà des Illusions

Comprendre les Dédales de la Schizophrénie

"Allah n'a jamais fait descendre de maladie sans avoir aussi envoyé son remède. Certains en sont conscients et le mettent en pratique, tandis que d'autres en restent ignorants[1]".

---

[1] Hadith : parole du prophète Mohamed.

Introduction

L'objet principal de notre étude est l'investigation des processus de communication chez les schizophrènes.

Nous sommes confrontés dans notre travail de psychologue clinicien à résoudre des problèmes liés à la pathologie de la communication. Ainsi, s'expliquent, d'une part notre intérêt pour la communication et, d'autre part, l'intérêt clinique que nous voulons donner à nos résultats.

Notre souci est d'essayer d'apporter des éclaircissements à la problématique de la communication chez les schizophrènes, en relation avec le mécanisme de la régression et de l'identification projective, la communication chez les sujets schizophrènes est-elle tributaires ou non de ces deux mécanismes ? En effet, nos hypothèses générales et spécifiques s'élaborent autour de ces idées.

Le fait de travailler sur des phénomènes pathologiques liés aux processus schizophréniques exige une analyse théorique associée, qui apporte un cadre d'interprétation aux contenus d'observation. Cette exigence s'affirme tout particulièrement depuis les travaux de Ribot dans le domaine de la psychopathologie, et les travaux de Woodworth (1949), Miller (1956) aux Etat Unis, et Noizet (1966), Beauvois (1982) en France dans le domaine de la bipolarité du discours.

La réalisation de ces deux domaines (pathologie/bipolarité du discours) tendances définit notre champ de travail théorique qui ouvre sur des pratiques expérimentales ayant des implications cliniques.

Notons que la recherche est donc interdisciplinaire, mais qu'elle porte sur un secteur de recoupement des disciplines qui possède une cohérence reconnue. La pathologie de la communication langagière associée à une pathologie mentale.

Ces remarques justifient le choix d'une méthode comparative, d'où le recours à l'étude de trois populations :

- Adultes « tout venant »
- Enfants « tout venant »
- Adultes schizophrènes

Les réponses théoriques empruntées aux travaux marquants des années précédents, sont celles qui offrent un système de pensée et un ensemble d'hypothèses en rapport avec cette comparaison et susceptibles d'être précisées, approfondies par elles :

- S'agissant de la psycholinguistique de la communication, les recherches sur les rapports entre les maladies structurales, la dynamique du langage employé et la structure de la personnalité.
- S'agissant de l'approche de la schizophrénie les théories qui tentent de rendre compte de la personnalité du schizophrène qui considèrent ses modalités de communication comme d'une des composantes essentielles de cette personnalité.

D'où, sans négliger les travaux les plus actuels, la référence à des recherches qui, même si elles sont plus anciennes, sont orientées dans le sens de nos propres travaux, les ont suscités et soutenus.

A la croisée de ces deux champs, figure la théorie de la bipolarité du discours, que nous allons présenter brièvement. Au niveau linguistique, la structure paradigmatique se caractérise par un champ illimité de mots qui interagissent dans une même phrase : il est possible de remplacer un terme par un autre terme équivalent, mais aussi différent selon l'aspect considéré, cela n'entrave pas la structure d'une phrase. La structure syntagmatique relie dans une série, deux ou plusieurs unités linguistiques consécutives : dans la phrase, elle unit chaque mot avec ceux qui le précèdent et ceux qui le suivent.

Si ce courant de pensée constitue la base théorique de notre recherche, il ne fait pas l'objet de nos études. Notre recherche portera surtout sur la vérification de cette théorie par l'application, aux population concernées, d'une épreuve d'association de mots inspirée de l'épreuve de C.G. Jung (1904), fondatrice des exploitations de type « projectif », et adopté plus tard, par Kodaki (1965). Les éléments inducteurs de cette épreuve sont eux-mêmes déterminés à partir des résultats obtenus par les schizophrènes à une autre épreuve projective ; le psychodiagnostic de Rorschach. Ainsi pensons-nous approcher au plus près, des processus qui se trouvent au cours de l'expression langagière des schizophrènes, indépendamment de la variabilité conjoncturelle des situations externes.

Nos travaux contiennent trois grandes parties :

1. La première intègre une vision historique, et une approche clinique
2. La deuxième traite la structure communicative chez les schizophrènes
3. La troisième pratique

Dans la première partie, nous allons étudier quatre points concernant la maladie schizophrénique :

1- Présenter les aspects de la schizophrénie (manifestation, formes).

2- Présenter les points de vue organiques et psychiques. Dans ce cadre, nous voudrions souligner que ne figure que modestement dans cette recherche, l'aspect biologique et chimiothérapiques. Ainsi notre travail essaye de regrouper davantage d'éléments qui traitent de la psychopathologie, domaine qui articule la schizophrénie et la communication.

3- Analyser les relations éventuelles entre les troubles de la pensée, l'image de soi et le concept de la réalité, dans une dynamique communicationnelle.

4- Le concept du mécanisme de défense sera étudié dans une démarche psychanalytique, avec des ouvertures sur la théorie de la communication.

Nous allons essayer, aussi d'articuler trois courants théoriques concernant le mode de communication chez les schizophrènes :

1 -La première, celle de la psychanalyse (1914) qui souligne que le schizophrène ne communique pas[2], qu'il est incapable de construire le transfert. Cette hypothèse représente l'école Freudienne, jusqu'à ce que Fieda (1899-1957) ait publié en 1929, un article sur le transfert chez les schizophrènes, et nous pouvons considérer que c'est Ming qui le premier a essayé de traiter par la méthode psychanalytique, les schizophrènes. Les deux tendances affirment que le schizophrène régresse au stade infantile[3].

---

[2]-Perris C. : (1994).

[3]-Nous entendons par régression "un retour en sens inverse à partir d'un point déjà atteint, jusqu'à un point situé avant lui" (Laplanche, 1984 : 400). Ainsi, la régression peut se voir sous trois formes :

1-«Topique : au sens du schéma de l'appareil psychique». Il se manifeste particulièrement dans le rêve.

2-«Temporelle : où sont reprises des formations psychiques plus anciennes».

3-«Formelle : lorsque les modes d'expression et de figuration habituels sont remplacés par des modes primitifs».

2- La deuxième théorie est celle de l'école de Palo-Alto qui estime que les schizophrènes communiquent, au nom de son axiome de base qui est "on ne peut pas ne pas communiquer". Nous nous interrogeons à ce propos sur l'axiome de cette école. Si l'action du schizophrène prend sa valeur "interactionnelle" chez le thérapeute, elle ne prend pas forcement la même valeur communicative chez le schizophrène, à cause de la présence du mécanisme d'identification projective. Afin que l'hypothèse de l'école de Palo-Alto soit compatible avec le principe de la régression, il faut que les schizophrènes utilisent ce que nous pouvons appeler "la communication régressive" c'est-à-dire que la régression soit un mode de communication.

3- La troisième c'est la démarche cognitive (Frith, 1987) (Trogon, 1992), souligne que les schizophrènes communiquent, mais le problème essentiel réside dans leur incapacité à gérer leur intention communicative.

Sans doute, ces différentes approches nous amènent à penser, que la communication chez les sujets schizophrènes pose un problème de réciprocité. Celui-ci communique-t-il à travers le mécanisme de la régression? Où la régression ne touche-t-elle pas le processus communicatif ?

Dans cette perspective, notre hypothèse, c'est que le problème de l'interaction des sujets schizophrènes réside davantage dans la "communication référentielle" que dans la "communication régressive".[4]

J'ai opté dans la troisième partie de traiter les résultats pratiquent, afin d'alléger la lecture de ce livre. Cette partie est destinée aux lecteurs qui souhaiterions approcher la démarche méthodologique, et connaître plus de détailles sur le processus communicationnelle chez les schizophrènes. Il me semble que ce type de plan permettrait une lecture plus ciblée en ce qui concerne la première partie qui développe une vision historique et clinique de la maladie schizophrénique et la deuxième partie qui traite la défaillance de la communication schizophrénique et la troisième qui s'intéresse aux données méthodologiques et pratiques.

Notre objectif est d'ajuster ces résultats à l'usage clinique. Comment pouvons-nous profiter de la communication (structure paradigmatique/syntagmatique) pour amener les schizophrènes à produire du

---

[4] - Suite à cette hypothèse, il nous semble que le registre syntagmatique est fonctionnel chez les schizophrènes comme chez les sujets adultes.

changement dans leur vie? Les retombées pragmatiques de ces données permettent, en fait, une ouverture de recherche et de pratique sur l'effet thérapeutique.

changement dans leur vie? Les retombées pragmatiques de ces données permettent, en fait, une ouverture de recherche et de pratique sur l'effet thérapeutique.

L'Evolution historique

Nous pouvons noter les études de Philippe Pinel en 1809 sur l'aliénation mentale qui commence en 1809 ; ensuite Bénédicte Augustin Morel (1809-1873) désignait certains comportements de patients souffrant des troubles psychiques par la démence précoce. Morel pensait que cette maladie pourrait être facilement traitée; cependant à force de travailler avec ses patients, il a conclu que cette démence prenait un caractère évolutif et qu'elle était difficile à soigner, notamment en 1860 quand il l'a désignée par le terme de démence précoce. A la même époque Esquirol proposait d'appeler certaines manifestations mentales "idiotie acquise ou accidentelle". En 1864 J.P Falret a critiqué le regroupement des maladies psychiques sous le terme de l'aliénation mentale, et rompt ainsi avec les idées de son maître Esquirol. Falret affirmait que dans l'aliénation, il existait différents types de maladies, et il combattait l'idée d'étudier la folie comme une maladie unique. «Nous voyons ainsi que dans l'oeuvre de J.P Falret, la distinction entre les aliénations de l'affectivité et de l'humeur et celles de l'intelligence devient clairement pertinente et introduit dans le domaine de la pathologie mentale une dichotomie précise, qui n'existait guère auparavant». (Grivois, 1993 : 54).

Dans son livre sur la classification des maladies mentales, Kahlbaum (1828-1899) a réservé une place intéressante à la psychose, notamment celle liée à des évolutions physiologiques, qu'il a appelé "paraphrénies".

Ewald Hecker (1843-1909), suivant le chemin de son maître Kahlbaum, a publié un ouvrage où il étudiait pour la première fois la conception de l'effondrement du Moi pour désigner les troubles psychotiques. En 1889 Kahlbaum revient sur le terrain et publie une classification de ces troubles en utilisant les termes de catatonie et le terme d'héboïdophrénie, qui vont permettre ensuite, de classer la schizophrénie en schizophrénie catatonique et schizophrénie hébéphrénique.

Dans le même ordre d'idée, Kraepelin (1856-1926) développe sa théorie de la dégénérescence pour désigner les mêmes manifestations observées par Morel. Sa conception de la maladie mentale prend sens autour de l'évolution observée chez les malades jusqu'à la phase terminale. Nous pouvons dire, qu'en 1889 Kraepelin a établi ses premières conceptions sur les délires chroniques; en 1893 il propose d'appeler démence précoce certains symptômes cliniques. Et en 1896 il regroupe dans le même ouvrage la démence précoce, la catatonie et la démence paranoïde.

Il en résulte que dans les années qui suivent, beaucoup de chercheurs ont étudié ce genre de symptôme : Urstien en 1909 parle de dysharmonie intrapsychique ; ensuite en 1912 Chaslin souligne le caractère de discordance psychique de même que Strarsky en 1914 parle d'ataxie intrapsychique.

Il est à souligner que c'est dans la même année 1899 que Kraepelin a défini la démence précoce. Nacke a utilisé de son côté pour la première fois le terme "narcissisme", pour désigner l'état des personnes qui approchent leur corps de la même façon qu'elles approchent un objet sexuel.

Avant cette année et exactement en 1871 nous pouvons remarquer une ébauche de ce qui va donner plus tard la psychosociale. En effet Christian a remarqué que l'agressivité, la privation et toutes sortes de rejet social amènent à des comportements qui ressemblent à la démence précoce.

Mais c'est en 1911 que la démence précoce se voit sous un autre angle, notamment à la publication par Eugène Bleuler (1857-1939) de son article "le groupe des psychoses schizophréniques". C'est la première fois que le terme schizophrénie est utilisé pour désigner un ensemble de symptômes cliniques. Bleuler cherchait, en utilisant ce terme, à expliquer sa théorie sur la démence précoce. En effet, il pensait que ce terme créé par Kraepelin en 1889 n'était pas adéquat pour désigner ce type de manifestation mentale.

Nous pouvons observer, qu'il existe une somme importante de facteurs qui séparent Bleuler de Kraepelin, entre autres dans l'appellation de la schizophrénie. En effet le premier n'a pas prétendu décrire des signes objectifs de la maladie, mais il a fait rentrer sa conception dans la psychopathologie pour désigner les données principales de cette maladie. D'autre points le séparaient de Kraepelin, celui-ci pensait que c'était l'affaiblissement intellectuel qui provoquait la démence précoce; à l'inverse Bleuler pensait que c'est la dissociation de la personnalité qui caractérise la schizophrénie. Ainsi Bleuler divisait la schizophrénie en quatre formes : la forme paranoïde, catatonique, hébéphrénique et simple.

Si Bleuler ne cachait pas son ignorance par rapport à la nature du processus schizophrénique, il pensait que ce processus se trouvait entre la double causalité psychique et organique. En effet, il utilisait une application quasi semblable à la psychanalyse créée par Freud, en attachant une grande importance au processus inconscient des sujets schizophrènes. Cela dit, Chaslin (1857-1923) expose sa théorie sur la folie discordante en critiquant les conceptions développées par Bleuler sur la schizophrénie.

Nous pouvons constater que depuis les années 1880, des études sur l'art des schizophrènes furent commencées en Italie et en France; mais les études les plus sérieuses dans ce domaine furent entreprises en 1922 par Hanz Prinzhorn (1886-1933), qui considérait que les schizophrènes avaient une expression artistique à part entière.

Ce faisant, une nouvelle approche verra le jour avec Karl Jaspers (1883-1969). Cette approche traite la maladie mentale sous un angle phénoménologique. Elle a paru clairement dans son traité de psychologie générale en 1913. «Quant à l'étude psychologique des syndromes catatoniques, Jaspers se borne à dire qu'il s'agit des états d'âme les plus mystérieux que nous connaissions. Ils semblent aussi mystérieux ou plus mystérieux au psychiatre qu'au profane». (Garrabé, 1992 : 122/123).

C'est dans les années 1920 que W.H Shelden aux Etat-Unis et Kretschmer (1888-1964) ont essayé d'établir une corrélation entre les maladies mentales et les types morphologiques. C'est Kretschmer qui fut le premier à plonger dans les études de la structure du corps d'un côté et dans l'anthropologie de l'autre, pour arriver finalement à faire une corrélation entre la maladie mentale et la structure physiologique du corps. «La typologie de Kretschmer prolonge les travaux de l'école anthropologique française et oppose la morphologie "pyenique" -du grec puenos...fort, de la série cyclothymique à celle dite "leptosomes" du grec lephos..., mince, et soma, corps- de la série schizothymique (ultérieurement un troisième type morphologique "athlétique" sera décrit comme caractéristique de l'épilepsie-épileptoïde). Peu auparavant Jung avait publié ses types psychologiques où il opposait l'introversion et l'extraversion». (Garrabé, 1992 : 132). Nous pouvons noter, que suite aux remarques de Kretschmer sur les typologies, beaucoup d'encre a coulé pour faire avancer le traitement psychothérapeutique des schizophrènes.

En ce qui concerne l'analyse existentielle, elle fut développée par Ludwig Binswanger (1881-1966) et Eugène Minkowski (1885-1972). Celui-ci définit l'autisme comme la perte du contact avec la réalité. Par cette définition, il s'éloignait d'abord de Bleuler qui mettait la cause principale dans la dissociation, puis de Freud qui considère que l'autisme est un trouble libidinal. Minkowski développait cette idée en s'appuyant sur les travaux de Bergson (1859-1941). En fait, il «considère que la schizophrénie privée de la faculté d'assimiler tout ce qui est mouvement et durée, tend à construire son comportement de facteurs et de critères dont le domaine propre, dans la vie normale, est uniquement la logique et les mathématiques». (Garrabé, 1992 : 134).

A partir de 1909 Gaétan Gatian de Clérambault (1872-1934) développait sa conception sur la schizophrénie en décrivant les "automatismes mentaux". Il considérait que l'automatisme mental est un processus sans contenu psychologique, sur lequel vient se greffer le délire. Cette conception sera vivement critiquée par Henri Ey en France.

Il faut attendre les années trente pour voir une conception sociale de la schizophrénie prendre forme. En fait Georges Devereux (1908-1985) a pensé que les troubles de la schizophrénie sont tributaires de l'environnement social. Ainsi, à partir de 1939, il élabore sa théorie sur la sociologie de la schizophrénie, qu'il désigne sous le terme de la psychose ethnique en la définissant comme étant la conséquence du désordre fonctionnel.

En ce qui concerne l'influence de l'hérédité sur le processus schizophrénique, c'est en 1950 que Kahlbaum avait présenté les premières études sur les jumeaux. A partir de 1969 d'autres études sur l'adoption ont pu confirmer l'influence de la génétique sur la schizophrénie.

Une autre théorie a influencé nos conceptions de la schizophrénie : l'"antipsychiatrie". David Cooper (1930-1986) fut le premier à créer ce terme pour essayer de mettre fin à l'influence de la psychiatrie classique sur la psychose en général. A partir de là, nous pouvons le considérer comme partisan du rôle prépondérant de la famille sur la schizophrénie, et donc de la thérapie familiale. Un autre défenseur de l'antipsychiatrie fut Ronold D.Laing (1927-1989) qui se basait sur la théorie existentialiste, notamment celle de Sartre, pour développer ses conceptions sur la schizophrénie. Laing « caractérise la position existentielle d'insécurité ontologique par trois formes d'angoisse qui sont l'engloutissement, l'implosion et la pétrification ou dépersonnalisation». (Garrabé, 1992 : 251).

A notre époque, les recherches dans le domaine du cerveau suscitent pour les psychiatres beaucoup d'espoirs, notamment avec l'arrivée d'un nouveau matériel sophistiqué qui permet de voir, ce que nous ne pourrions pas voir, avec un télescope : ce sont les méthodes appelées "l'imagerie cérébrale".

De même, des études récentes font de la vulnérabilité cognitive, (Berner, 1991) la cause principale de la maladie schizophrénique. Cette faiblesse cognitive engendre une défaillance dans le traitement de l'information.

1-Psychanalyse

Dans la même année où Bleuler construisait sa théorie autour de la psychanalyse, à Burghôzhi, certains patients se soignaient par la méthode psychanalytique.

Garl Gaustav Jung (1875-1961) participait à ce groupe de thérapeutes qui utilisaient cette méthode. Jung avait développé en 1906 l'idée de détachement libidinal, comme processus pouvant causer la psychose.

En 1899 la notion du Moi prenait chez Freud (1856-1939), le père fondateur de la psychanalyse, un rôle fondamental pour expliquer les troubles essentiels qui séparent l'individu du ça d'un côté et du monde extérieur de l'autre. C'est cette distinction entre le dedans et le dehors qui a amené celui-ci à séparer la névrose de la psychose. En 1895 il publie avec Joseph Bruner (1842-1925) des études sur l'hystérie. Une fois que Freud a posé comme principe de base que la névrose est une maladie psychique, il s'est lancé dans l'étude des rêves, du symbolisme, du Moi..., et il a développé à partir de ces études, des notions telles que : l'inconscient, la libido, le refoulement, le transfert, le mécanisme de défense, etc.

Freud commence sa méthode thérapeutique par l'utilisation de l'hypnose et de la suggestion, qu'il va délaisser à partir de 1910 pour adopter la méthode dite "association de mots". En 1914 il introduit le terme de narcissisme dans sa théorie, terme créé par Nacke. En fait c'est en 1920 que celui-ci a bien admis l'opposition entre l'instinct du Moi et l'instinct sexuel. Freud estimait que la pathologie mentale est le résultat des troubles non résolus. Ces troubles restent coincés dans l'inconscient des sujets depuis la petite enfance. En 1922, il établit sa théorie de l'appareil psychique, et crée la psychanalyse, qui va influencer tous les domaines qui ont pour objet, l'étude des comportements humains.

Lacan (1901-1981) dans sa thèse présentée devant la faculté de médecine en 1932, développe sa conception sur la paranoïa. Etant psychanalyste et influencé par les travaux de Freud, il avait pris un chemin différent dans l'approche de la psychose, en intégrant dans sa formulation des termes de la linguistique, (notamment le signifiant, le signifié, la métaphore, le signe...). Si Freud a mis comme base de sa théorie le processus sexuel voire libidinal, Lacan a établi sa conception pathologique sur le langage. «...à l'analyse de cette paranoïa déterminée psychogéniquement que Lacan se voit attaché et que, utilisant la distinction faite dans la linguistique structurale par F. de Saussure (1857-1913) entre signifiant et signifié d'une part, et d'autre part de désir ou le désaveu (Verlengnung) de la réalité décrit par Freud, il ait formulé l'hypothèse que ce désir pourrait porter non sur un élément perçu de la réalité extérieure, mais un élément fondamental constitutif de la réalité psychique, un "signifiant" qui serait rejeté hors, forclos' de l'univers symbolique des sujets faisant de cette forclusion le mécanisme spécifique de la psychose de la paranoïa». (Garrabé, 1992 : 140).

C'est vers les années 1945 que Lacan a délaissé le terme de dénégation, qui signifie qu'un psychotique reconnaît un objet, en même temps qu'il le refuse pour finalement utiliser le terme de forclusion, traduit de l'allemand "Ververfung", pour parler de forclos : rejeter hors de l'univers symbolique. C'est un mécanisme de défense qui serait spécifique à la psychose.

A Londres à la clinique "Tavistock", Mélanie Klein à partir de 1932, en travaillant sur la psychose, a développé des idées nouvelles comme l'identification projective, mécanisme qui désormais, devient inséparable des mécanismes de défense utilisés par le schizophrène.

Aux Etats-Unis Paul Federn (1871-1950), qui a beaucoup travaillé sur le Moi, a en effet orienté la psychanalyse américaine dans le sens de la psychologie du Moi. Selon Federn, la schizophrénie pourrait être caractérisée par la perte de la frontière du Moi. En somme, Federn à été influencé par les travaux de Paul Schilder (1886-1940) qui a créé le concept d'image du corps, à partir de l'idée que l'image du corps est complètement altérée chez le schizophrène. Federn trouve dans ce concept un appui pour développer sa conception.

Dans la même optique, Gisèle Pankow, élève de Kretschmer a travaillé sur l'image du corps ; elle a défini celui-ci comme ayant des fonctions fondamentales dans la psychose qui sont finalement des fonctions symbolisantes : la première fonction concerne sa structure spatiale, et la deuxième la structure de "forme" (le contenu et le sens).

2-Théorie de la communication.

C'est à partir de 1913 que la théorie de la communication a été formulée par Bertrand Russell (1872-1920). Cette théorie a pris une ampleur considérable avec les travaux de Gregorer Bateson (1904-1980) sur la schizophrénie.

Bateson critiquait la méthode freudienne parce qu'elle était insuffisante pour rendre compte des caractéristiques des phénomènes psychiques. Ainsi il va essayer d'élaborer une approche basée sur la théorie systémique et la notion d'information et, qui va déboucher sur le principe de rétroaction.

En fait, c'est Van Bertalanffy qui a «remarqué l'importance du mécanisme de rétroaction (feed-back). La rétroaction est un mécanisme logique dans lequel une fraction du signal de sortie d'un système est injectée dans l'entrée (avec ou sans changement du signe)». (Schwarz, 1988 : 25). Mais le père fondateur de ce principe est Norbert Wiener professeur de mathématiques à Cambridge, qui opposait l'information à l'entropie. En effet, sans communication et information il n'y a pas de connaissance ni de relation, c'est le chaos et l'entropie.

Bateson considère que la schizophrénie «manifeste une faiblesse du Moi à trois niveaux :

a- Des difficultés à attribuer le bon code de communication aux messages qu'il reçoit des autres.

b- Des difficultés à attribuer le bon mode de communication aux messages verbaux ou non verbaux qu'il émet lui-même.

c- Des difficultés à attribuer le bon mode de communication à ses propres pensées, sensations et perceptions». (Garrabé, 1992 : 225).

De même c'est à lui que revient la création du concept du double lien qui, s'il n'explique pas forcement l'étiologie de la schizophrénie, permet, tout de même, de repérer les familles schizophréniques et leur niveau de communication pathologique. Nous pouvons dire comme le souligne Garrabé (1992 : 228), que Bateson a lui même critiqué ce concept : «la théorie de la double contrainte en faisant observer qu'elle ne permet pas de distinction entre les symptômes schizophréniques et des structures de comportements similaires mais non pathologiques comme le sont l'humour, l'art, la poésie, etc».

3-La thérapie.

La première méthode thérapeutique administrée à la schizophrénie
était le sommeil provoqué par les hypnotiques. En 1921, Jacob Klaesi a
institué à la clinique de Zurich la narcothérapie c'est-à-dire la cure par le
sommeil. Garrabé (1992 : 199) rapporte qu' «à partir de 1952 et sous
l'influence des théories réflexologiques pavloviennes, les thérapeutes ont
cherché à provoquer un sommeil léger et discontinu (quinze heures par jours)
atteignant une durée de trois semaines, obtenu par l'association au mélange de
Cloetta de produits placebo et de stimuli auditifs et visuels monotones agissant
comme des inducteurs conditionnant». Nous pouvons remarquer que cette
cure de sommeil a été délaissée pour la psychochirurgie (sic) développée par
le Suisse Gollied Burckhardt (1836-1907).

Avec l'arrivée des neuroleptiques en 1952 le traitement de la
schizophrénie prend une nouvelle dimension. En effet, les neuroleptiques ne
jouent pas que le rôle d'un calmant, mais ils agissent aussi sur certaines
manifestations telles que les hallucinations, les délires et sur certaines formes
de désorganisations. C'est Delay et Deniker qui ont proposé le terme de
"neuroleptique" du grec "neuron" nerf et "lêptikos" qui prend, pour désigner
des substances ayant une action sur les symptômes psychotiques.

La théorie de la perte du contact vital avec la réalité établie par
Minkowski, ne constitue pas, en fait, une simple théorie, mais celle-ci vise le
processus thérapeutique. En fait, si la schizophrénie peut se définir ainsi, la
thérapie sera donc une tentative de rétablir cette perte de contact.

Selon Tobin (1992 : 97) «l'objet de la cure psychanalytique est de
permettre au malade de remuer le passé lointain et d'identifier les conflits qui
ont laissé de si durables empreintes, conflits banaux la plupart du temps, hors
de proportion en tout cas avec les conséquences qu'ils ont déclenchées. Le
problème que posent les schizophrènes aux psychanalystes, c'est qu'ils n'ont
généralement pas la capacité mentale de s'abandonner au mécanisme de
l'analyse, et qu'ils ne disposent pas d'une force intérieure suffisante pour se
sortir des épreuves de régression psychique qu'elle entraîne».

La conception de Freud sur la schizophrénie, se résume dans le fait que
le malade n'arrive pas à élaborer suffisamment le transfert, pour permettre une
analyse psychanalytique[5]. Cependant, en 1939 Fieda Fromme Reichman

---

[5]- "Freud pensait que la psychanalyse était mal adaptée au traitement des schizophrènes".(PERRIS,
1994, p110).

(1899-1957) publia un article dans lequel il défendait l'idée que le schizophrène est capable de développer un transfert suffisamment élaboré pour déclencher une psychothérapie psychanalytique. Ainsi nous pouvons considérer que c'est Ming qui fut le premier à traiter la schizophrénie par l'utilisation de la méthode psychanalytique. De même, Federn pensait que la psychothérapie des schizophrènes constituait dans une large mesure un travail qui reconstruit les limites du Moi.

Dans une optique différente, Devereux, qui a établi la théorie sociologique de la schizophrénie, pense qu' «on ne peut guérir une maladie psychique -névrose ou psychose- tant que la médecine (sic) souffre du même mal que son patient et tant que le milieu socioculturel où se déroule la cure... favorise indirectement la formation et le développement de ces principaux symptômes». (Garrabé, 1992 : 239).

En fait, cette théorie a été la base de ce que nous pouvons appeler la sociothérapie. Cette méthode vise à prévenir la "chronicité" de la maladie, elle permet au schizophrène de réintégrer rapidement la société, en essayant de diminuer au maximum la durée d'hospitalisation. La démarche sociothérapique essaye d'offrir une autre réalité au schizophrène différente de celle qu'il connaît au quotidien.

Le systémicien se considère un élément du système qu'il essaye de changer, en conséquence lors d'une thérapie familiale il existe toujours un deuxième thérapeute qui regarde derrière le miroir. Celui-ci peut intervenir à tout moment pour essayer de réguler les interactions entre le thérapeute et les membres de la famille.

Bateson considère la thérapie comme un "échange d'idées", qui permet l'apprentissage de la méta-communication. Dans ce cadre d'apprentissage, Bateson différencie deux niveaux : «si l'apprentissage de niveau 1 consiste en un changement dans la spécificité de la réponse, l'apprentissage du niveau supérieur doit consister en un changement dans le processus d'apprentissage lui-même, ce que Bateson appellera "apprendre à apprendre" "apprentissage secondaire" ou encore "deutéro-apprentissage"». (Wittezaele, 1992 : 117). Il en résulte que l'action thérapeutique systémique ne vise pas le changement dans le niveau 1, mais essaye de créer une dynamique de changement dans le niveau 2.

Milton Erikson qui utilisait l'hypnose comme moyen thérapeutique, va peu à peu et sous l'influence des théories de la communication, délaisser la transe hypnotique, au profit du langage injonctif[6]. Sa conception se basait principalement sur l'idée : "parler le langage du patient".

A l'inverse de la thérapie psychanalytique qui propose la prise de conscience, la canalisation des pulsions inconscientes, Haley définit sa méthode thérapeutique appelée thérapie stratégique comme une action immédiate sur les symptômes, sans se soucier de l'inconscient ni de la phase infantile. Sa méthode comprend des démarches, parmi lesquelles nous décrivons :

-Définir un objectif à l'intervention.

-Délaisser le passé, et ne se préoccuper que de la situation présente.

-Traiter le symptôme.

-Essayer de faire changer les comportements, au lieu d'investir la prise de conscience.

-Utiliser le langage injonctif et des techniques paradoxales[7].

La thérapie familiale systémique couronnée par un temps très limité d'intervention, s'est avérée efficace avec certains malades psychotiques.

Actuellement l'approche psychothérapique de la schizophrénie s'oriente vers la thérapie cognitivo-comportemental. «Plus récemment, la thérapie cognitivo-comportemental (TCC) s'est révélée une approche praticable et prometteuse dans le traitement des troubles schizophréniques, en particulier dans le contexte des programmes thérapeutiques multi-niveaux intégrés» (PERRIS, 1994 : 110).

En ce qui concerne les nouvelles recherches sur les neuroleptiques, MELTZER (1994 : 95) souligne que «les neuroleptiques représentent encore le traitement de première intention. Mais de nouvelles classes de

---

[6]--Langage injonctif : c'est une méthode thérapeutique par laquelle le thérapeute "oblige" le patient à prendre une décision.

[7]--Techniques paradoxales : ce sont des techniques thérapeutiques qui permettent au thérapeute d'émettre un message contredisant les messages du patient afin de débloquer les conduites de celui-ci.

médicaments, plus efficaces et provoquant moins de symptômes extrapyramidaux, sont en train d'apparaître : rémoxipride, ripéridone, etc». Pour le professeur MARNEROS (1994 : 3) les futurs médicaments de la schizophrénie tendent à s'orienter vers une nouvelle stratégie a visé protectrice.

Nous pouvons résumer les principales thérapies de la schizophrénie en :

1-Chimiothérapie : neuroleptiques....

2-Thérapie individuelle : psychanalyse, analyse transactionnelle, ...

3-Thérapie de groupe : psychodrame, ...

4-Thérapie familiale : la systémie, psychanalyse, ...

5-Sociothérapie : antipsychiatrie, ...

6-Thérapie cognitivo-comportementale.

L'approche clinique

La schizophrénie veut dire du grec Schizein : fendre, et Phren : esprit. Littéralement le mot signifie "esprit fendu". Andreasen (1994 : 5) rapporte que cette signification est à l'origine de beaucoup de confusion, chez «le public et chez de nombreux médecins, d'une mauvaise compréhension de la nature de la maladie, perçue comme une forme de dédoublement de la personnalité. Lorsque Bleuler a choisi ce nouveau nom, son intention était de créer un concept différent : celui de dislocation des capacités mentales et émotionnelles qui se produit dans la schizophrénie, mot ne signifiant pas "personnalité partagée" mais plutôt "esprit disloqué"».

Chaque fois que les chercheurs ont approché la compréhension de la maladie schizophrénique, ils se sont retrouvés dans une incompréhension encore plus grande. En effet, cette maladie pose dans ses variations beaucoup de problèmes qui mettent en doute toutes les structures explicatives. Lacan (1981 : 31) rapporte que, selon Blondel C. «Le propre des psychopathologies est de tromper la compréhension».

Bleuler (1920-1930) pense que le relâchement des associations est une manifestation propre à la pensée chez les schizophrènes, ce qui fait que demander à un schizophrène l'association libre, c'est comme l'inviter à se vider.

En fait, le vide dans la vie du schizophrène concerne l'absence de prospection, son indifférence au passé, au présent et au futur. Le vide interne, le vide du Moi, la fuite du présent et du futur vers les hallucinations, les délires font de sa vie et de ses rêves, un mélange au sein d'une réalité elle-même disloquée.

Le mélange entre le "je", et le "tu" du malade et de l'interlocuteur, l'amalgame entre les parties et la totalité, rendent la communication incompréhensible. Cet amalgame se retrouve partout ; chaque partie du corps du schizophrène est un corps entier, le phénomène du placement des parties du corps n'existe plus comme tel, car dans la schizophrénie, l'image de la totalité du corps est détruite.

En effet, le schizophrène vit dans un monde de débris, mais il n'a pas conscience de l'ampleur de ces débris. Ce manque de conscience présente le schizophrène sur un plan différent de celui du névrosé qui est conscient de son état maladif. En fait un psychotique vit ses troubles et ses souffrances comme faisant partie de sa vie courante et de la réalité, il est incapable de faire la séparation entre les troubles, c'est-à-dire entre la pathologie et le "normal".

La maladie est une altération profonde de la personnalité, et ce n'est pas un hasard si la communication d'un schizophrène reste souvent une "interaction" semblable à une écriture hiéroglyphe, impossible à déchiffrer. Quand il parle de lui, le schizophrène donne l'impression de parler d'une autre personne. L'incohérence des messages devant lesquels nous nous trouvons, nous oblige à placer la situation de communication sur un plan spécifique, qui demande un matériel de décodage approprié, afin que cette situation ne reste pas un simple fait de rétroaction mais qu'elle puisse passer à un niveau de "rétro-compréhension"[8]. «La schizophrénie a été bien dénommée psychose nucléaire, puisque c'est le noyau même de la personne qui ne se constitue pas, ou qui éclate; dans les autres et dans la nature, le sujet est ailleurs, d'autres habitent en lui. Le vide ne se remplit pas» (Amado, 1982 : 264).

Ceci étant dit, le désordre relationnel désorganise le malade qui vit une vie dominée par des émotions non contrôlées ; c'est pourquoi ni les parents ni les thérapeutes n'ont la possibilité d'y accéder, cette vie est marquée par un manque d'intérêt vis-à-vis de tout acte et de toute personne. Ce qui aggrave la fissure déjà installée entre le malade et les autres. Cependant, le malade n'est pas entièrement mort, son attention reste vive, il peut se souvenir d'événements passés, avec plus ou moins de précision. Mais ce qui frappe chez lui, c'est que lorsqu'il raconte son passé, ses souvenirs, ils paraissent vides d'émotions et d'affectivité.

L'indifférence vis-à-vis du passé, du présent et du futur font de ces caractéristiques un groupe de symptômes typiques de la maladie schizophrénique. Néanmoins nous tenons à préciser que la symptomatologie schizophrénique est très variée et complexe.

---

[8] - El hadri lotfi

Symptomatologie schizophrénique

Il existe en effet, différents groupes de symptômes qui font que tel malade est qualifié de schizophrène ou non : la dysharmonie d'humeur, la désintégration mentale, l'indifférence, les hallucinations, les idées d'interprétation, l'illusion, le délire, la dislocation du langage, la perturbation de la communication, l'autisme etc. Ces symptômes peuvent être mélangés ou non chez un malade. Ils varient d'un individu à l'autre comme ils varient chez le même individu, en fonction du temps, de la durée d'hospitalisation, de l'âge, etc.

De même, le malade schizophrène souffre de troubles graves se rapportant à sa vie sexuelle, que ce soit au niveau de la masturbation, de l'homosexualité et, plus encore de tous les événements se rapportant à l'inceste, dont les enfants ont pu être victimes de la part des adultes notamment des parents, des proches, etc.

Il faut souligner dans ce cadre, que nombreux sont les chercheurs qui attirent l'attention sur l'aspect délirant de ces événements sexuels; ceux-ci restent douteux, parce que nous ignorons la réalité de ces événements. Les situations incestueuses dans la vie du malade sont à la fois confuses et intéressantes pour l'analyse. Que ce soit au niveau imaginaire ou réel, leur existence dans l'esprit du malade suffit pour que le thérapeute les intègre dans son processus thérapeutique.

Le malade schizophrène se caractérise par un état d'excitation, ou au contraire il peut être touché par le mutisme, souffrir d'un état catatonique et devenir incapable de bouger. C'est dans cette variation que le schizophrène se montre différent des autres malades.

En effet, dans leurs comportements les schizophrènes ont des réactions inattendues et contradictoires. Ils peuvent passer à l'acte sans signe préalable. Par exemple le suicide de certains malades, l'agression de leur famille ou du personnel de l'hôpital ne peuvent être déduits de leurs comportements. L'ambivalence, les idées délirantes et hallucinatoires, la dégradation mentale, l'activité ou la fixité, etc., font que les malades sont imprévisibles. Pour cela, ils demandent une assistance permanente et une prise en charge complète.

Le manque de conscience de leur état maladif, empêche ces malades de modifier leur comportement. Ainsi, leurs conduites bizarres se pratiquent en plein jour, sans qu'elles fassent l'objet d'une dissimulation ou d'une adaptation. En effet, dès que l'envie sexuelle se manifeste, nous remarquons des comportements de masturbation en public, des attaques sexuelles sur l'autre, sans oublier le déshabillage devant le personnel.

Lidz (1986) remarque que l'adolescent qui devient schizophrène exagère sa confiance dans les solutions et les satisfactions imaginaires; il lui arrive de croire qu'il est une personne extraordinaire, capable de réalisations remarquables, puis blâmer les autres de façon paranoïde parce qu'ils ne reconnaissent pas sa valeur.

Le schizophrène est une personne qui se conduit d'une manière bizarre. Nous pouvons résumer les éléments essentiels de ses conduites :

1-Délire : Frappe toutes les formes de la schizophrénie, il est considéré parmi les premiers indices de la déclaration de la maladie. Ainsi, nous pouvons énumérer les thèmes suivants : grandeur et mégalomanie, désespoir et culpabilité, frustration et persécution, hypochondrie, mysticisme qui est observé davantage dans les pays Arabo-musulmans, sexualité et érotisme, transformation corporelle, négation et finalement auto-accusation.

2-Hallucinations : Elles peuvent être auditives, visuelles, olfactives et gustatives. Les hallucinations auditives ou visuelles sont les plus fréquentes dans la maladie schizophrénique. Elles peuvent même être à l'origine des suicides, c'est-à-dire que le schizophrène peut entendre ou voir, par exemple un lion qui vient l'attaquer, et pour se défendre le malade peut sauter d'une fenêtre, sans avoir pensé à la hauteur.

Katan (1961) distingue l'hallucination du délire. Pour lui, dans l'hallucination "le moi prévoit le danger" tandis que, dans le délire, le moi n'a pu empêcher le danger de survenir. Le délire résulte d'une tentative du moi pour réparer les dommages. L'auteur continue dans son livre en différenciant cette fois, l'hallucination de l'hystérique, de celle du psychotique. «Quand un hystérique est en proie à quelques émotions, il lui arrive d'halluciner. Mais dès que l'émotion s'est dissipée, l'hystérique retrouve sa perspicacité et ne considère son hallucination que comme un symptôme. Le comportement du schizophrène est bien différent. Même s'il n'est plus convaincu de la vérité du contenu hallucinatoire -ce qui se produit quelques fois- il continue à ne pas comprendre le caractère pathologique de son observation».

3-Trouble du langage : Les mots pour le patient, n'ont pas une valeur communicative, mais deviennent un objet sur lequel il rapporte ses pensées, ses émotions. Il rentre dans une relation "objectale" avec le langage, ce qui ouvre la voie aux délires. Le malade transporte tout son intérêt sur le langage, mais ce transfert se joue dans un cadre pathologique, qui provoque un mauvais rapport avec les autres.

Ce faisant, les formes cliniques des troubles du langage qui correspondent à une régression de la capacité de compréhension ou d'expression sont très variées. Krussmaul (1877) a utilisé le terme d' "agrammatisme" pour parler de la désorganisation syntaxique. Kreapelin pour sa part, en 1910, a créé le terme d'"akataphasie" pour désigner le déséquilibre existant entre la pensée et son expression verbale. Par la suite, le même auteur utilise le terme schizophasie qui reste encore utilisé dans le domaine psychologique et psychiatrique, pour définir tout langage incompréhensible.

En effet, nous parlons de schizophasie toutes les fois que le langage cesse d'être utilisé d'une façon cohérente, ou présente une désorganisation lexicale, grammaticale et/ou sémantique. Dans ce cadre, nous pouvons répertorier : salade de mots, dyslalie, dysphasie, dyslogie, néologisme, glossolalie, maniérisme, écholalie, glossomanie, mutisme etc.

4-Trouble de l'écriture : nous trouvons les mêmes déformations et perturbations dans le langage. Nous voyons apparaître une verbigération qui est une répétition incessante des mêmes mots, souvent dénués de sens etc. Les écrits sont pleins de gribouillis et de soulignements.

5-Négativisme : selon Heuyer (1974 : 70) «ce symptôme majeur est défini par Kahlbaum, la tendance permanente et instinctive à se raidir contre toute sollicitation venue de l'extérieur, quelle que soit la nature. C'est une véritable folie d'opposition».

6-Troubles moteurs : catalepsie, dystonie, stéréotypies motrices (grimaces, rires). Le rire chez le schizophrène peut prendre tous les aspects : "tantôt c'est le sourire fin, léger, ténu, maniéré, tantôt c'est un éclat bref, ou une série d'explosion, se reproduisant en salves, plusieurs fois par jour" (Heuyer, 1974 : 59). Les dissociations intellectuelles peuvent se remarquer à partir des troubles de la mimique et de la manière, dont le schizophrène se déplace, de même que celle de se tenir sur un fauteuil, etc. Sa mimique est souvent très active, mais fragmentaire sans raison apparente.

7-Déficit de l'activité : le malade montre une forme d'inactivité dans tout travail professionnel, scolaire ou domestique.

8-Soins et hygiène : nous remarquons un manque très important des soins personnels et d'hygiène. Le malade se désintéresse de son corps et de son habillement : sale, déchiré.

9-Troubles affectifs : Le malade se caractérise par l'indifférence vis-à-vis de l'autre et vis -à-vis de soi même. Il souffre d'un déficit émotionnel et d'un manque d'affectivité, c'est le symptôme le plus marqué de la maladie schizophrénique.

En effet, le schizophrène ressent une grande carence d'amour maternel. Il croit que les autres individus sont différents de lui dans le rapport avec leurs mères ; ceci a pour conséquence un appauvrissement du moi qui engendre des troubles affectifs et relationnels.

L'échec de la vie affective avec la mère fait du moi une fausse puissance qui, au lieu de s'intégrer dans le milieu social, préfère rejoindre ses fantasmes et vivre avec eux dans un monde de débris et de fantômes. La fausse relation qui s'installe entre la mère et l'enfant, ne permet pas à celui-ci d'acquérir ses propres sentiments. Pour le petit enfant, il lui échappe la découverte de son pouvoir, de créer ses propres satisfactions. La mère est toujours la créatrice, et l'enfant subit la décadence de sa structure cognitive, il est dépossédé de son propre pouvoir, de ses propres désirs.

10-Trouble de la pensée : Le trouble de la pensée demeure, en effet, la caractéristique principale des psychoses fonctionnelles, à savoir la schizophrénie. Ainsi, la dysharmonie entre la pensée et les sentiments, est peut-être la marque la plus générale du comportement schizophrénique.

La pensée schizophrénique est caractérisée par une relation d'objet pathologique qui est la résultante d'une fixation et du non dépassement du registre préobjectal (mère-enfant). Cette fixation contribue à la production d'une pensée magique et égocentrique.

En fait, la pensée du schizophrène est égocentriquement surextensive dans sa croyance, que les événements fortuits et contingents se rapportent à lui-même, et qu'il est le centre du monde. De même il croit que tout ce qu'il fait exerce une influence magique sur les autres et sur les objets. Nous remarquons que l'enfant intègre cette façon de penser, qui est propre à un certain niveau d'évolution, mais ce qui rend la pensée d'un schizophrène pathologique, est sa fixation à ce stade.

Le mécanisme de la régression rend la pensée du schizophrène semblable à celle de l'enfant, du moins c'est ce que nous allons essayer de vérifier dans notre travail. Selon Lidz (1986) les schizophrènes sont incapables de penser de façon abstraite. En fait, quand la pensée est utilisée intentionnellement comme moyen d'évasion, elle peut indiquer l'aptitude du patient à parvenir à un haut niveau d'abstraction. Ainsi la pensée infantile n'est-elle capable d'abstraction qu'à partir de 12-13 ans; or corrélativement, la différence entre l'organisation paradigmatique n'est plus significative à cet âge. C'est-à-dire que les résultats obtenus chez ces enfants, ne sont pas différents de ceux des adultes (tendance syntagmatique). Nous ne traitons pas ici le mécanisme de régression, il sera davantage développé à la fin de cette partie.

Honderson (1927) résume les traits particuliers de la pensée et du comportement schizophrénique en quatre conditions :

1-Le schizophrène tourne le dos à la réalité (introversion).

2-Sa pensée est dominée par des complexes (sujet fortement imprégné d'affectivité) dans une mesure inconnue chez les personnes normales.

3-Il régresse aux modes de pensée puérile, infantile ou archaïque.

4-Sa personnalité subit une désintégration progressive. Ses conduites ne sont ni distinctes ni séparées, mais représentent les divers aspects d'un seul et même processus.

De son côté Racamier (1975) résume les comportements schizophréniques en quatre grands traits :

1-Retrait et perte d'intérêt pour l'entourage.

2-Troubles du cours de la pensée : blocages, symbolisation, incohérence, persévérations, condensations.

3-Accroissement de rêveries et comportements autistiques.

4-Altération du comportement manifeste, avec une tendance aux excès. Ceci peut se traduire, soit par une augmentation, soit par une diminution de l'activité, allant vers l'immobilité. Ce comportement moteur se caractérise par la persévération et la stéréotypie.

Pour Bion (1983) la personnalité schizophrénique suppose l'existence de quatre éléments :

1-Un conflit qui n'est jamais résolu entre les pulsions de vie et les pulsions de mort.

2-La prédominance de pulsions.

3-La haine de la réalité externe et interne.

4-Une relation d'objet ténue mais tenace.

Ces quatre idées résument les principaux symptômes de la schizophrénie, que Bion essaye de différencier de la psychose. Cette différence vient de la combinaison de ces caractéristiques, qui entraînent un recours massif à l'identification projective.

Actuellement les psychiatres distinguent deux grands symptômes de la schizophrénie :

-Les symptômes positifs,

-Les symptômes négatifs,

Andreasen (1994 : 6) définit les symptômes positifs comme «une exagération ou une distorsion de la fonction normale", tandis que les symptômes négatifs "correspondent à une diminution ou à une perte de fonction».

L'exagération des symptômes positifs semble être liée à des perturbations au niveau de la région limbique. Cette hypothèse biochimique avance que le dysfonctionnement touche :

-L'hippocampe,

-L'amygdale,

-Le cortex auditif primaire,

-Les zones périsylviennes du langage,

-Le cortex temporal associatif,

-Le thalamus,

-Le gyrus cingulaire,

-Les noyaux gris centraux,

-L'aire tegmentale ventrale,

En ce qui concerne les symptômes négatifs, les techniques nouvelles comme l'imagerie par résonance magnétique, supposent que le cortex frontal, soit impliqué dans l'atténuation de ces fonctions.

Andreasen (1994 : 6) classe les symptômes positifs/négatifs de la manière suivante :

Symptômes positifs	Fonctions perturbées

-Hallucinations	-Perception
-Idées délirantes	-Pensée inférentielle
-Désorganisation du discours	-Langage
-Bizarrerie du comportement	-Contrôle du comportement
-Alogie	-Fluidité du discours
-Emoussement affectif	-Fluidité de l'expression émotionnelle
-Anhédonie	-Capacité hédonique
-Avolition	-Volition, pulsion

La schizophrénie du point de vue organique

Nous ne pouvons pas entreprendre une recherche sur la schizophrénie en ignorant le champ biologique et physiologique, qui tente d'expliquer la maladie du point de vue organique. La querelle entre les domaines fonctionne d'une part et organique d'autre part semble être dépassée, et l'avenir est à la coexistence de ces deux modèles.

Les efforts faits par les deux modèles ont pour objet principal d'éliminer la souffrance du schizophrène, qui ne touche pas seulement le malade mais aussi la famille voire la société. C'est une "épidémie de relation" chaque personne côtoyant ces malades "souffre" à la vue de leur souffrance.

Il n'existe actuellement aucun modèle, aucune théorie qui fasse l'unanimité et qui assemble toutes les découvertes. La cause unique de syndromes n'est pas encore connue, mais l'action efficace des traitements pharmacologiques, selon les psychiatres montre que ceux-ci ont une action au moins partielle sur les troubles schizophréniques.

Il existe la théorie encéphalique qui pense que l'origine de la maladie, réside au niveau de ce qui est appelé le facteur organo-dynamique, qui est représenté par les études de H. Hey; celui-ci pense que ce sont des lésions encéphaliques qui sont responsables du déclenchement de la maladie. Chez les schizophrènes, le fonctionnement de la personnalité est désorganisé par des déformations du fonctionnement mental, qui sont la cause de la dégradation du processus intellectuel.

D'un autre point de vue, Mott, rapporté par Henderson (1927), a attribué une grande importance causale à la perturbation de l'ensemble du système endocrinien.

La théorie sur l'hérédité a sa place dans les explications organiques, nous pouvons dire qu'elle joue un rôle dans l'évolution de la schizophrénie. Le taux de morbidité dans la population est de 1%. En ce qui concerne les malades ayant des frères schizophrènes, le taux est situé entre 7 et 15% ; dans le cas d'un parent schizophrène, il est de 7% ; ce taux atteint 40 à 68% quand-il s'agit de deux parents schizophrènes.

Les études consacrées aux jumeaux ont trouvé que le taux change en fonction des situations. Quand-il s'agit de jumeaux dizygotes, le taux varie entre 3 et 16%; il augmente chez les jumeaux monozygotes, à 70%. Ces résultats changent quand le facteur de la famille intervient; par exemple chez les jumeaux monozygotes ayant été élevés dans des familles différentes, le taux tombe à 30/40%. Il a été prouvé statistiquement qu'environ 50% à 60% des patients schizophrènes appartiennent à des familles comptant des malades mentaux.

Concernant la théorie de la chronobiologie, Manus (1987 : 91/92) rapporte que le rapport de Sechter et Poirel fait un point complet sur ce sujet. Il y a, en effet, des arguments cliniques en faveur d'une modification des rythmes biologiques.

Si l'étiologie de la schizophrénie n'est pas encore résolue, les récentes études dans le champ biologique mettent l'accent sur la perturbation de certaines fonctions du cerveau. En effet, les nouvelles techniques d'investigation comme l'imagerie mentale : la tomodensitométrie (TDM) et l'imagerie par résonance magnétique (IRM) ont permis une étude approfondie du cerveau. Selon LESUR (1994 : 22) «il semble acquis que de nombreux symptômes aient pour origine, un mauvais fonctionnement des circuits, des réseaux de neurones sur lesquels agit la dopamine. La dopamine est un neuromédiateur qui module l'activité d'un nombre considérable de neurones, ce qui est compatible avec le polymorphisme de la maladie et surtout le nombre de fonctions atteintes».

Pour récapituler les récentes études sur le cerveau, nous nous référons à l'article de NASRALLAH (1994 : 57-62) qui dénombre les dysfonctionnements suivants :

1-Au niveau des anomalies neuroanatomiques :

-Elargissement des sillons et scissures.

-Diminution du volume cérébral.

-Dysplasie cérébrale.

-Hypoplasie de la face interne du lobe temporal.

-Asymétries cérébrales anormales.

-Anomalies neuroanatomiques congénitales

2-Au niveau des anomalies histologiques :

-La couche granuleuse du corps godronné de la formation hippocampique   est réduite de 20 à 40%

-Les couches supérieures de la cinquième circonvolution temporale sont peu   développées.

-Désorganisation des cellules pyramidales dans les régions antérieur et moyenne de l'hippocampe.

-Le nombre absolu de cellules nerveuses dans la couche des cellules granuluses du corps godronné est réduit de 10 à 30%.

-Le volume et le nombre des neurones du cortex entorhinal sont réduits, sans augmentation du nombre des cellules gliales.

-La distance comprise entre la surface piemérienne du cortex entorhinal et le centre des groupes de cellules pré-alpha est accrue de 20 à 30% chez certains patients.

-La densité cellulaire est réduite dans toutes les régions de l'hippocampe.

-Pauvreté en neurones dans les couches superficielles du cortex entorhinal.

-Le nombre d'interneurones est réduit dans la plupart des couches du cortex cingulaire, en particulier dans la couche 2.

-L'absence de gliose.

«Une perte neuronale ne peut se produire sans laisser de gliose que dans le cerveau immature du fœtus. L'absence de gliose dans les études histologiques consacrées à la schizophrénie constitue donc un argument essentiel pour penser que les lésions cérébrales se produisent probablement pendant la vie fœtale, au cours du développement du système nerveux». (p.60).

Bien que les explications biologiques semblent impliquer le cerveau dans la perturbation des comportements des schizophrènes. La tendance actuelle chez les spécialistes, est de penser que la schizophrénie est une maladie multifactorielle. En effet, la question primordiale reste à savoir, si les conflits psychiques, la famille, la pression de l'environnement qui provoquent les dysfonctionnements au niveau du cerveau ou si c'est l'inverse. Nous pouvons supposer aussi, que nous sommes en face d'un processus circulaire de :

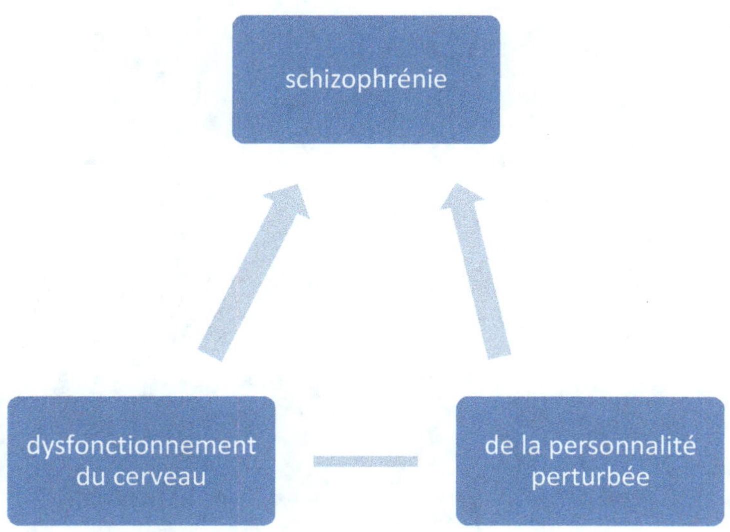

Comme nous l'avons dit plus haut aucune théorie ne fait l'unanimité, et le modèle organique est loin d'être le système parfait pour la compréhension et le traitement de la schizophrénie.

Les formes de la schizophrénie

1-Forme simple :

Elle se caractérise par le déficit au niveau du contact au sein de la famille, et dans le groupe social, par une perte de motivation à toute chose dans la vie courante et un retrait progressif du monde extérieur en général. En dépit de l'éloignement du schizophrène de la société vers ce nouveau monde, le malade ne perd pas complètement la compréhension du sens des symboles, sauf dans des cas très avancés de la maladie.

Henderson (1927) pense que ce type révèle une absence de toute tendance définie et présente simplement une carence générale de l'intérêt. Les individus qui en souffrent semblent manquer d'ambition, et se contentent de demeurer oisifs, ils sont capables, dans les cas bénins, d'entretenir une conversation cohérente et de présenter une apparence normale. Au fil du temps la maladie s'aggrave, le malade devient plus introverti, s'éloignant de la société, de sa famille. Cela se manifeste sous des caractéristiques comme des altérations de la conversation et une profonde désorganisation de la pensée.

2-Forme cycloïde :

Les deux réactions caractéristiques de la forme cycloïde sont la gaieté et la tristesse. Le malade souffre d'une forme de trouble bipolaire, entre un épisode maniaque et un épisode dépressif.

3-Forme paranoïde :

Nous trouvons surtout des comportements de méfiance et de doute. Le malade souffre de délire de persécution mélangé au délire de grandeur dans certains cas. Dans cette forme le malade souffre d'expériences hallucinatoires et fantasmatiques, il présente des délires avec des incohérences. En fait, son discours de mégalomanie, de persécution, tourne autour des thèmes "religieux".

Le contact avec le monde extérieur est basé sur la méfiance et le doute. Le malade ne perçoit l'existence d'une autre personne que dans un sens négatif. C'est-à-dire que les personnes ne sont présentes que pour lui nuire et lui faire du mal.

4-Forme hébéphrénique :

L'hébéphrène sent qu'il est le centre du monde et que tous parlent de lui, et lui veulent du mal. Le malade souffre d'idées d'interprétations. En effet, tout ce qui se passe autour de lui est modelé en fonction de sa propre vision, qui est dépendante de la perturbation de la pensée et du langage.

5-Forme catatonique :

Elle fut décrite pour la première fois par Kahlbaum en 1874. Elle se caractérise par des comportements autistiques avec une rupture profonde avec la famille et l'environnement et des conduites de violence, suivies soudainement d'un retour au silence et à l'immobilité. La maladie dite catatonique oscille entre des phases d'excitation de stupeur et de dépression.

Dans certains cas, le malade reste comme une statue, sans bouger, dans une position fixe pendant plusieurs heures. Cette situation se caractérise par une grande indifférence aux personnes qui bougent autour de lui. Les malades ne rentrent pas en interaction, ils refusent la nourriture, c'est un chaos complet. Ces derniers ne réagissent pas aux situations douloureuses. Ils ne peuvent rien faire, ils demandent une assistance permanente pour les déshabiller, les habiller, les déplacer, les laver, etc. Leur langage bien que perturbé, se caractérise par la stéréotypie, le malade répète certains mots et phrases. Soudainement le tableau de la maladie peut changer, le patient répond aux questions, entre en contact et en interaction avec son entourage. En effet, le malade peut même décrire avec précision tous les événements qui se sont passés pendant sa "méditation". Cette phase semble être une dramatisation de l'idée de mort chez certains catatoniques.

Sur le plan pratique les formes de la schizophrénie ne sont pas prises en compte par les médecins et les psychologues dans leur travail quotidien. Pour eux, la différence de formes n'apporte pas grand chose dans le processus thérapeutique, c'est ainsi qu'ils s'arrêtent dans l'appellation de la schizophrénie. Cette façon de faire, comme la rapporte Minkowski (1927) est liée à la pratique de l'éminent psychiatre Bleuler qui n'attribue qu'une portée toute relative à la classification courante de schizophrénie en ces quatre formes (simple, catatonique, hébéphrénique, paranoïde). Entre ces formes il n'existe pas de "limites naturelles", tout malade considéré comme schizophrène simple, jusque-là, peut faire à chaque instant une poussée hébéphrénocatatonique. Et tout malade atteint d'hébéphréno-catatonie peut s'améliorer et se présenter au cours de cette amélioration comme un schizophrène simple.

Dissociation :

Image de soi et le corps

Le psychiatre suisse Bleuler (1920-1930) met l'accent sur la dissociation et la désagrégation de la vie psychique. Pour qu'il y' ait schizo il faut qu'il y ait dissociation. Celle-ci déclenche des manifestations d'angoisse très intenses, des sentiments de mort et la dépersonnalisation. La schizophrénie se présente comme une psychose délirante chronique, elle désorganise profondément la personnalité, et tout le mode de fonctionnement permettant de construire en communication le discours et les paroles du malade. Celui-ci se perd dans une pensée autistique et tombe dans un chaos complet.

De même Henderson (1927 : 298-300) pense que "sous sa forme typique, la schizophrénie consiste en une détérioration lente et continue de la personnalité entière, se manifestant habituellement durant l'adolescence. Elle attaque essentiellement la vie affective et s'exprime par un désordre des sentiments, de la conduite et de la pensée, et par une croissante réduction d'intérêt envers le monde extérieur".

Parallèlement, s'installent des dysmorphobies. Des préoccupations hypochondriaques sont initialement déclenchées par la situation de conflit et de perte dans l'entourage, ainsi que par des accidents, des interventions chirurgicales; puis elles se fixent et s'organisent autour d'une inquiétude concernant un point du corps devenant le siège d'une menace ou d'une transformation qui peut faire ressentir au malade un sentiment de débordement. Il s'agit de toute une série de craintes concernant le corps. Les craintes sont la base d'un thème de délire bien spécifique appelé "transformation corporelle". Le malade sent son corps en dehors de lui, un corps qui se modifie et se transforme. Il en résulte un grand sentiment d'angoisse et de perplexité se remarquant dans sa manière de produire le langage et de communiquer.

Malgré leurs caractères spectaculaires, ces épisodes se résorbent en quelques semaines. Les thèmes que nous trouvons le plus souvent sont le cœur, les grandes fonctions physiologiques (respiration ou circulation). A l'inverse, chez les adultes nous retrouvons des préoccupations concernant la constipation. Celles-ci n'existent pas chez les adolescents, ni chez les jeunes adultes.

En somme, l'image de soi chez le schizophrène est structurée par rapport à une incohérence profonde. C'est comme si le processus de personnalisation n'avait pas pu achever son développement et qu'en cours de route ce processus avait subi une altération.

Chez le schizophrène, le cheminement du développement est arrêté, en laissant l'individu hors circuit de normalisation, le manque de développement pourrait laisser suggérer que le schizophrène est resté bloqué dans un stade infantile. Le moi enfant occupe toute la surface de la personnalité du malade, en dépit du moi adulte.

L'image de soi et indissociable de l'image du corps, au point que dès le XIX siècle, les thérapeutes diagnostiquent la maladie schizophrénique dès qu'ils décèlent chez un malade des troubles se rapportant à l'image du corps. Celui-ci dans la crise schizophrénique, se désintègre, le corps s'éparpille dans le monde des objets.

L'analyse du "test" de Rorschach nous a montré que l'image de soi chez le schizophrène indique des sentiments de morcellement. Dans ce cadre, les études menées par Minkowska F. (1956) sur le langage du schizophrène ont démontré l'existence de ces sentiments de "spaltung". En fait, celle-ci a tenté de vérifier l'hypothèse de la relation entre le comportement verbal et la personnalité. Ses résultats ont été affirmatifs, le schizophrène utilise un style de langage propre à lui, celui de morcellement. C'est ce thème qui nous a suggéré d'élaborer notre épreuve "pathologique".

Ceci étant dit, l'affaiblissement de la conscience rend le malade incapable de cerner la vie sociale et d'avoir une image objective de l'entourage. Cette situation ressemble à celle d'un rêveur qui n'arrive pas, en rêvant, à savoir s'il rêve ou s'il vit réellement ce qu'il ressent et voit.

Des recherches récentes essayent de démontrer l'existence d'une relation de causalité entre l'état psychotique et le processus de rêve. Les résultats obtenus confirment l'idée avancée : les rêves sont, dans une large proportion, tributaires de l'intégration sociale et d'une évolution positive du malade.

Il a été observé que plus le malade évolue et s'améliore, plus le contenu et la forme des rêves acquièrent une clarté de sens et d'image. Ainsi, nous pouvons suggérer avec prudence que le pronostic psychotique peut inclure ce facteur (rêve, état psychotique), comme indice du succès thérapeutique.

L'autre réalité

La rupture avec la réalité est le mécanisme principal qui régit la maladie schizophrénique. La théorie psychanalytique insiste sur le fait que dans la psychose, le conflit n'est pas qu'entre "moi" et "ça", donc interne mais aussi entre "moi" et réalité externe. En déniant la réalité, le schizophrène crée une autre réalité propre à lui, un monde à part régi par des lois non connues, ce qui provoque la production d'un langage différent (néologisme, mot valise, salade de mot...) et une communication pathologique non conforme aux règles sociales, mettant en échec le rapprochement et l'interaction entre les schizophrènes et les autres.

Katan (1961 : 687) fait une distinction entre la relation du schizophrène avec la réalité et celle du névrotique. «Nous devons établir une nette distinction entre la perte du pouvoir de faire l'épreuve de la réalité et la perte de contact avec cette dernière. Dans les états névrotiques, nous découvrons toujours une certaine perturbation du contact avec la réalité, mais l'épreuve de celle-ci reste intacte. Par exemple, un névrosé peut fuir le contact avec autrui, sans que l'épreuve de la réalité ne soit pourtant détruite».

Le conflit est donc entre le dedans et le dehors ; la souffrance que fait subir le monde externe au moi du schizophrène le pousse à s'enfuir à l'intérieur de soi. Vivre dans un monde indépendant de notre contrôle ne peut que nous faire subir ses malheurs; à l'inverse si le monde dans lequel nous vivons est sous notre entière dominance, la souffrance n'aura pas de place. En effet, ce monde sera modelé en fonction de notre désir. Le schizophrène en créant ce monde trouve son arme favorite, celui de la défense, la réalité pour lui est un monde de fantasmes et d'hallucinations.

La perte de contact avec la réalité perturbe l'essence même de la personnalité, autant sur le plan psychologique que physiologique. La mémoire, par exemple, retient souvent la succession des faits, mais le schizophrène a du mal à leur donner une signification précise ou les rapporter à une année bien déterminée.

La notion de temps et la représentation de l'espace s'éloignent de la réalité objective pour céder la place aux hallucinations d'un néo-monde. Ces hallucinations témoignent d'une nouvelle manière de penser, d'organiser, de structurer le monde selon des lois et des règles correspondant à une façon de concevoir et de modeler son propre principe de réalité.

Le schizophrène perd le contact avec la réalité extérieure, dans la mesure où le niveau inconscient dépasse ses frontières en s'attaquant à celle du conscient. Il arrive au schizophrène de perdre son aptitude à se situer dans la société, dans la vie réelle. De même il lui arrive d'oublier son adresse, son nom. L'inconscience et la conscience interagissent d'une manière pathologique, la frontière est abolie, l'état conscient ne maîtrise plus celui de l'inconscience et le deuxième couvre le premier. Le mélange de ces deux entités perturbe profondément la personnalité du schizophrène.

En effet, la perte de contact avec la réalité consiste en un manque d'investissement des limites mentales et corporelles du Moi. C'est la rupture entre la réalité extérieure et la réalité intérieure, qui provoque une cassure de la frontière entre l'inconscient et le conscient et entre le rêve et l'imaginaire. La réalité n'est plus reconnue comme telle, elle est remplacée par une néo-réalité personnelle, connue du malade seul, incommunicable à autrui.

Dans cette perspective les schizophrènes ont tendance à nier que certains mots ont un sens. C'est un acte défensif de la part du malade de rejeter la réalité objective. Edit Jakobson cité par Badaracco (1986 : 1325) dit que "le psychotique a tendance à se servir du monde extérieur afin de prévenir la dissolution des structures du Moi et des structures du Surmoi, et que le Moi fait de terribles efforts pour forcer la réalité à assister le Moi... Le psychotique rompt avec la réalité et il la remplace par une construction délirante lorsque cette dernière n'arrive pas à lui donner l'aide dont il a besoin pour pouvoir faire face au conflit".

Il n'en reste pas moins que l'égocentrisme pathologique montre le schizophrène dans son attitude d'intériorisation, quittant toute personne et se réfugiant à l'intérieur du self, celui-ci a forgé une vie indépendante des autres, néanmoins les spécialistes remarquent que certains malades demandent une présence permanente de leur mère. En fait, le schizophrène dans cette situation, essaye d'attirer vers lui les sentiments manqués que la mère n'a pas pu lui donner et les pulsions que celle-ci n'a pas pu satisfaire.

Le moi dans la phase prépsychotique s'éloigne des pulsions instinctuelles ; celles-ci causent des conflits avec la réalité, mais l'évolution dans la maladie met en échec cette tentative ; les conflits avec la réalité se mettent en place et le malade s'écarte de celle-ci en se refermant sur lui dans un état autistique.

Etant donné que la vie d'une personne ne peut exister qu'avec la réalité, le schizophrène dans le désespoir complet de la réalité objective se tourne vers son monde, sans que le contact soit entièrement coupé. Cependant, plus le malade vit dans une structure fermée, loin de la société et de la réalité objective, plus la maladie s'ancre et se greffe chez le malade. La chance d'échapper à cette jungle pathologique devient extrêmement faible.

A la lumière de cette idée nous pensons que le malade doit être "sociabilisé" ; le schizophrène ne doit pas rester enfermé dans un hôpital psychiatrique. C'est ainsi, par exemple, que le langage d'un schizophrène restant trop longtemps dans un hôpital, risque d'être plus perturbé et disloqué que celui d'un malade socialisé, dont le contact avec l'environnement n'a pas été interrompu trop longtemps. La société joue un rôle primordial dans le développement du langage des schizophrènes et s'avère très bénéfique pour le processus thérapeutique.

De toute évidence, le contact avec la famille, et avec la société influence le processus de la maladie schizophrénique, cependant le rapport du malade avec la réalité est qualifié de paradoxal, le malade connaissant la réalité objective mais, tout en créant une autre réalité. Si bien qu'il entend les interlocuteurs, mais il ne rentre pas en interaction avec eux.

Mécanisme de défense et schizophrénie

Les mécanismes de défense remplissent une fonction essentielle dans la constitution du moi, leur finalité consiste à éviter que les conflits intrapsychiques menacent l'unité de l'individu.

Selon la théorie psychanalytique, chaque personne use des mécanismes de défense, c'est une nécessité psychologique et sociale, mais le schizophrène utilise ces mécanismes d'une façon exagérée, ce qui rend l'usage de ceux-ci pathologique.

En ce qui concerne notre recherche, nous allons aborder essentiellement deux sortes de mécanismes de défenses, les plus utilisés par les schizophrènes et qui sont liés, en outre, à nos hypothèses.

1-L'identification projective.

2-La régression.

Par le biais de l'analyse comparative du langage, nous allons essayer de vérifier si le concept de la régression issu de la théorie psychanalytique est cohérent avec la théorie de la bipolarité du discours.

-l'identification projective :

En ce qui concerne cet aspect nous posons la question à savoir, si l'identification projective ne représente pas la clef de voûte pour l'explication du processus communicationnel chez le schizophrène. Selon Racamier[9] l'identification projective peut devenir, en même temps un mécanisme de défense, et un moyen de communication et de contact.

Il est intéressant de souligner quelques formes du mécanisme d'identification en définissant d'abord le terme de l'identification. Selon Laplanche et Pontalis, (1967: 187) l'identification est un «processus

---

*9- Cours de DESS, à l'université de Besançon, 1989.

psychologique par lequel un sujet assimile un aspect, une propriété, un attribut de l'autre et se transforme, totalement ou partiellement, sur le modèle de celui-ci. La personnalité se constitue et se différencie par une série d'identification».

Le mécanisme de l'identification projective se manifeste dans les formes suivantes.

1-Identification de deuil : dans laquelle la personne cherche à s'identifier à certains traits de l'objet qu'elle a perdu. Ce processus d'identification peut correspondre à un fantasme d'incorporation.

2-Identification primaire : «mode primitif de constitution du sujet sur le modèle de l'autre, qui n'est pas secondaire à une relation préalablement établie où l'objet serait d'abord posé comme indépendant. L'identification primaire est étroitement corrélative de la relation dite d'incorporation orale». (Laplanche et Pontalis, 1967 : 192).

3-Identification au tiers : l'identification ne s'applique pas à l'objet aimé mais au tiers qui partage le même intérêt d'un sujet.

4-Identification à l'agresseur : l'enfant se défend contre le complexe traumatique en répétant la situation qu'il subit.

5-Identification spéculaire : la reconnaissance de l'individu comme faisant partie de l'espèce humaine.

6-Identification projective : «terme introduit par Melanie Klein pour désigner un mécanisme qui se traduit par des fantasmes, où le sujet introduit sa propre personne (his self) en totalité ou en partie à l'intérieur de l'objet pour lui nuire, le posséder et le contrôler». (Laplanche et Pontalis, 1967 : 192).

Ces formes d'identification peuvent coexister ensemble, comme elles peuvent être utilisées séparément. Le schizophrène en particulier use de ce dernier mécanisme d'une manière très forte.

En effet, le mécanisme d'identification projective dans la schizophrénie se manifeste seul ou conjugué avec d'autres processus dans les situations de communication. Selon Rosenfeld cité par Resnik (1986), quand le schizophrène approche un objet avec amour ou avec haine, il se confond avec cet objet, ce qui n'est pas dû seulement à l'identification par introjection, mais aussi à des impulsions, à des désirs et à des fantasmes de s'introduire de force à l'intérieur de l'objet avec la totalité ou avec des parties de soi-même pour le contrôler.

L'envie de s'introduire dans l'objet rend la situation de communication confuse ; le message du malade est tellement perturbé par cette envie de contrôle, et par le mélange du dehors et du dedans. Une fois que le schizophrène est dans l'objet, il perd sa capacité de différencier entre le "Moi" et "l'autre". Il en résulte une production des phrases maniérées, néologisme, dyslalie..., l'ensemble de ces éléments rend la situation de communication incohérente, et le message devient incommunicable. Ce processus d'identification projective se manifeste dans la vie du schizophrène comme un état où le malade se perd dans "l'objet" parent, analyste, médecin, etc.

S'identifier à autrui, c'est se rendre semblable à lui, soit par un trait singulier ou par un ensemble de signes communs. S'identifier signifie s'approprier le comportement d'autrui; nous pouvons alors penser qu'il y a une parenté entre identification et imitation, c'est le cas bénin de l'identification, qui devient complexe et pathologique chez les malades mentaux. Le schizophrène utilise à tout propos une identification projective, chargée de beaucoup d'émotion, d'angoisse et d'agressivité.

-Régression :

Avant d'aborder ce concept, il est utile de distinguer clairement les quatre formes de régression, qui sont dues à la diminution et à la perte partielle de l'investissement du moi :

1- La régression de la pensée à la réalité.

2- La régression du moi à des états du développement antérieur.

3- La régression de l'idée conceptuelle à l'expérience originale particulière.

4- A côté de ces trois types de régression, une quatrième caractéristique de la schizophrénie est l'apparition de matériaux mentaux inconscients   et l'évidence de mécanismes inconscients dans la conscience.

Selon Freud (1856-1939) la régression n'est pas une chute naturelle dans le passé, elle est une fuite intellectuelle hors du présent. Mais quand on fuit le présent on tombe dans le passé. La régression au stade infantile serait due au manque de l'amour parental, cela peut conduire à avoir des sentiments de vide et de chaos. Ainsi ce vide amène certains thérapeutes, à penser que fournir au patient l'amour maternel qui manquait, pourrait être la clef de voûte dans le processus thérapeutique.

La régression serait dans ce cas comme un retour à des stades manqués : le développement manqué de la personnalité ferait que le malade ne peut pas supporter à l'âge adulte certaines difficultés de la vie quotidienne. Le vide éprouvé par la personne à cet âge explique ce retour, parfois, massif à des phases archaïques. «Une théorie des plus répandues dans l'étude de la schizophrénie consiste à interpréter les troubles cognitifs comme étant le résultat d'une régression vers des processus archaïques, propres à une période moins avancée du développement; Généralement toutes les théories postulant la régression dans la schizophrénie, se sont inspirées du concept de "dissolution" proposé par L. Hughling (1932) et repris par H. Hey (1938)». (Postel, 1978 : 345).

Le mécanisme de régression est à la psychanalyse ce que le double lien est à l'école de Palo-Alto. La maladie psychotique ne peut être comprise hors du concept de la régression. Les comportements du schizophrène sur le plan psychique comme physique, montrent une ressemblance avec les comportements des enfants. «La plupart des études psychanalytiques consacrées aux psychoses se fondent sur le postulat exprimé très clairement par P. Heimann et Isaacs, selon lequel toute maladie mentale implique, en quelque mesure et sous quelque forme, une régression de la libido et une fixation précoce. La régression est un phénomène d'importance capitale dans l'étiologie des névroses, des psychoses et de l'évolution de caractère» (Maleval, 1980 : 115).

En fait, la régression serait un moyen de défense, contre des "attaques" sociales et familiales ; c'est une manière de s'imposer dans la vie de la mère qui était absente pendant la période de développement de l'enfant. Cela nous emmène à penser que ce mécanisme de défense permet d'atteindre deux objectifs :

1-Avoir la présence de la mère.

2-Sauvegarder l'homéostasie familiale.

-L'objet et la relation régressive.

La régression schizophrénique efface tout contact à l'objet afin que le narcissisme anobjectal couvre la relation du malade à la réalité. «La régression psychotique au niveau infantile conduit à une conception complètement différente du monde extérieur, l'individu peut subir ce processus rétrograde partiellement ou totalement jusqu'au point où il atteint un niveau narcissique, où le moi et le monde extérieur ne sont pas encore séparés» (Federne, 1979 : 192). L'objet n'est pas reconnu par le schizophrène, ni identifié, ni repéré, ni séparé. L'objet n'est pas séparé du soi ni du monde externe, il est vécu comme le prolongement du moi du patient. Il est difficile de savoir ce qui appartient à qui, c'est l'éternel problématique de la frontière du dedans et du dehors.

En effet, La relation à l'objet est pathologique, le malade est incapable de distinguer ce qui est self de ce qui est objet, ce qui vient de l'intérieur de ce qui vient de l'extérieur. Le seul appareil qui fonctionne est la libido du moi; pour Freud, le schizophrène souffre d'un trouble d'origine libidinale. Alors le schizophrène manifeste une régression narcissique, avec écrasement de l'objet extérieur afin que le moi reste, qui d'une part évince les objets et d'autre part les crée sur le plan fantasmatique. Les idées délirantes sont des exemples palpables montrant comment les objets peuvent être recrées sur le plan imaginaire.

Bien que le mécanisme de régression représente un élément intéressant à la compréhension de la maladie psychotique, il ne serait pas pourtant un indice d'un blocage thérapeutique. «Parce que l'opinion qu'une régression profonde indique l'existence de fixations infantiles précoces, a souvent été à l'encontre des efforts thérapeutiques, je voudrais souligner que l'étendue de la régression a peu de valeur pronostique; les patients catatoniques, bien que les plus sévèrement régressés, ont probablement eu les meilleurs pronostics de tous les types de schizophrénie et les patients ayant constitué des systèmes délirants paranoïdes stables, bien que leur comportement soit le moins régressif, sont très résistants au traitement» (Lidz, 1986 : 139). Il est vrai que, la thérapie ne se fait pas seulement à partir d'un travail autour de la régression : celle-ci ne représente qu'un seul facteur de la complexité de la maladie schizophrénique, un seul élément de la structure défensive qui s'organise sous l'effet du moi pour tenter de trouver des solutions à tout ce qui est poussée pulsionnelle interne et tout ce qui est poussée de l'extérieur.

Sur ces bases, nous avons avancé notre deuxième hypothèse générale sur la régression. Resnik (1986) approche notre hypothèse en disant que la communication entre le moi infantile et le moi schizophrénique joue un rôle important dans l'analyse. La partie du moi qui utilise des modèles infantiles est capable de communication, et c'est surtout à travers elle que nous pouvons nous rapprocher de la partie schizophrénique. Le moi infantile manifeste une capacité de communication par le jeu.

La pathologie familiale

La famille est un système social autocorrectif dans lequel le comportement est dirigé, réglé et structuré par des processus internes, au moyen desquels les membres de la famille se fixent les uns les autres, des limites à leurs comportements.

Tout le développement de l'enfant se voit perturbé par la dysharmonie instituée dans le comportement des parents. Cette instabilité de "l'institution" parentale engendre chez l'enfant un intense sentiment de peur et de méfiance. L'environnement n'y est jamais sécurisant dans la famille du schizophrène, jamais la famille ne se montre capable de former une coalition stable, afin d'être décisive en créant un univers de stabilité et de tranquillité. Il semble que l'agitation est la carte d'échange dans ce type de famille.

En effet, la souffrance de la solitude parait extrêmement grave dans ce genre de famille. L'enfant, dont les parents sont présents physiquement, ne sent pas une véritable sécurité, étant donné qu'il lui manque l'affectivité et l'amour. Au lieu d'une institution stable et réconfortante, le futur schizophrène vit dans une institution désorganisée et perturbée.

Si toutefois, nous considérons la pathologie comme un système, la souffrance ne sera pas sentie seulement par un seul membre mais par toute la famille, chacun vit cette souffrance d'une manière différente. Lorsqu'une famille contient un membre malade (schizophrène), elle souffre de ne pas le comprendre et/ou de ne pas être comprise par lui. La communication au sein de cette famille est perturbée sans que personne ne sache ce qu'il faut faire.

C'est dans ce contexte que l'école de Palo-Alto (1953) suggère la thérapie familiale au lieu de la thérapie individuelle, en croyant que la constellation familiale souffre en rapport avec la souffrance de l'un de ses membres. La famille participe au maintien de la maladie par l'usage de la communication désordonnée. Or, le but de la thérapie (selon cette école) serait de changer la communication pathologique en une communication saine. La famille joue le rôle d'intermédiaire entre l'enfant et la société. Elle est chargée de lui transmettre les valeurs et les règles qui fondent la société, afin que l'enfant puisse s'intégrer sans se heurter aux problèmes de communication et d'interaction.

Les objectifs individuels se heurtent souvent aux objectifs familiaux et sociaux. Cet affrontement provoque un déséquilibre profond au sein de la famille, en conséquence, le mécanisme principal du fonctionnement devient le langage paradoxal. Dans ce contexte, la famille cherche à sauvegarder son homéostasie. Nous pouvons dire que la famille vit dans un cadre de "pseudo-entente" remarqué dans sa façon de communiquer. C'est une stratégie de défense qui consiste à cacher les divergences et à montrer une cohérence et une stabilité. Cette stabilité est capable d'exploser à tout moment.

Par sa sensibilité l'enfant est capable de reconnaître les fausses relations des vraies; mais hélas, ce genre de découverte n'est pas sans séquelle sur son développement, cela contribue à créer un faux self. Wannounou (1986) rapporte que Wynne et Singer ont mis en évidence l'existence de rapports entre les troubles de la pensée chez le schizophrène et la dynamique familiale. Le style des interactions familiales semble bien influencer le développement cognitif du schizophrène.

L'analyse systémique de la famille a en effet, démontré l'impact de la famille sur l'évolution de l'enfant. Lidz (1986) pense que le degré de pression et d'efficacité avec lequel les mots sont utilisés et assemblés du point de vue de la syntaxe, dépend en grande partie de la manière dont ses aînés, et avant tout, les membres de sa famille, instruisent l'enfant.

Défaillance de processus communicatif

Table des matières

Style associatif

Nous nous pencherons sur les articulations éventuelles entre la maladie mentale, et la théorie de la bipolarité (**Code**[10]/**message**[11]); dans l'objectif de comprendre la communication chez les schizophrènes.

Avec les distinctions : «code»/»message»; langue/parole et signifiant/signifié, le domaine de la linguistique a intégré des facteurs et des considérations psychologiques; ouvrant par ce biais de nombreux horizons.

Prenons un exemple de la structure «code / message», soit la phrase :

"Je mange une pomme". Si nous substituons "banane" à "pomme", l'opération va toucher la structure «code».

Si la combinaison de la phrase donne "la pomme est mangée par moi", c'est la structure «message[12]» qui sera touchée.

Notre trésor linguistique qui réside dans notre cerveau, contient tous les types de mots complexes ou simples. Lors de la communication nous faisons travailler un schéma associatif pour fixer notre choix et sélectionner le mot approprié en le combinant dans une phrase intelligible. Quand par exemple, nous disons, "coûtons", nous pensons inconsciemment à divers schémas associatifs de ce mot. Celui-ci se trouve dans la série : "coûter" "coûte", et le mot "coûtons" évoque la série "mangeons", "parlons" etc.

---

[10] - Au niveau linguistique, la structure «code» se caractérise par un champ illimité de mots. Il y est possible de remplacer un terme par un autre équivalent, ou différent, sans entraver la structure grammaticale d'une phrase. Dans ce processus, sélection et substitution sont les deux faces d'une même opération. L'organisation «code» permet l'opération de sélection, c'est-à-dire l'étude du discours dans sa relation avec le décodage du réel.

[2] - L'organisation «message» offre la possibilité d'étudier la performance communicative. La structure «message» relie dans une série deux ou plusieurs unités linguistiques consécutives. Dans la phrase, elle unit chaque mot avec ceux qui le précèdent et ceux qui le suivent. la structure «message» repose sur deux ou plusieurs termes également présents dans une série effective. L'organisation «message» permet aux unités linguistiques d'avoir un contexte et un référent.

[12] - « syntagmatique »

Comme l'a fort bien dit De Saussure (1915 : 173), les groupes formés par l'association mentale ne se bornent pas à rapprocher les termes qui présentent quelque chose de commun ; l'esprit saisit aussi la nature des rapports qui le relient dans chaque cas et crée par-là autant de séries associatives qu'il y a de rapports divers. Ainsi dans enseignement, enseigner, enseignons, nous remarquons la série : apprentissage, éducation, changement, armement, clément, justement, etc. Lors de l'activité communicative, les termes d'une famille associative ne se présentent ni en nombre défini ni dans un ordre déterminé.

Figure n°1. L'activité associative.

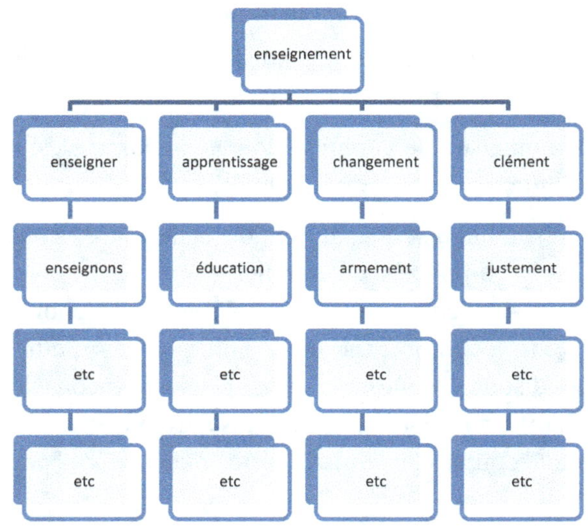

(D'après De Saussure, 1915 : 175)

Cette structure associative provient selon De Saussure de l'existence des mêmes éléments formels et syntaxiques. Il en résulte que les mots se constituent dans notre mémoire en formant un schéma associatif prêt à fonctionner même inconsciemment.

La structure «message» s'utilise dans une norme culturelle acceptée par la société. La structure «message» se caractérise par sa référence "individualisée" dans un cadre communicatif. Alors que la structure «code» se caractérise par sa référence au réel dans une structure de décodage, Chaque individu utilise dans son activité mentale, les deux structures en fonction de sa propre personnalité; le choix associatif combinatoire ou sélectif dépend de l'individu lui-même. Ce qui fait du discours une forme d'extériorisation de ses états psychiques (angoisse, joie, haine, etc.).

Sur ces bases, nous pouvons avancer avec Minkowska (1956) l'hypothèse selon laquelle : **le style associatif serait le miroir de l'état psychique**. Contenant les sous-systèmes langagiers et sociaux, notre système mental y reflète notre manière de vivre. Le choix d'un terme parmi d'autres devient une activité personnelle qui dépend en premier lieu de notre manière de penser la vie.

Le niveau de l'intelligibilité de notre communication dépend dans une large mesure, du choix des mots que nous utilisons. Ce choix n'est pas toujours un acte volontaire et conscient, il est peut être le produit de notre inconscient. C'est-à-dire que notre discours peut faire l'objet de certaines "manipulations" de la part de notre partie inconsciente, solidement ancrée dans le discours du schizophrène.

Il semble par ailleurs, que les mécanismes qui régissent notre cerveau, notamment ceux qui concernent la partie langagière n'ont pas encore révélé leurs mystères ; et si nous invoquons le mot hasard pour expliquer certaines manifestations bizarres ou complexes du système langagier, il n'empêche que le vrai problème réside dans notre limite de compréhension et non pas dans le phénomène lui-même.

Toutefois, «il existe fondamentalement deux attitudes à l'égard du langage, l'une privilégiant le langage comme médiation à autrui dans l'activité communicative, l'autre tende vers ce que le langage offre comme possibilités de décodage et de régulation du monde. Ces deux attitudes se manifestent dans certaines tâches par des orientations spécifiques, «code»s ou «message»s de l'activité communicative dans la production de phrase, etc. »(Beauvois, 1981 : 212). Dans le domaine de la psychopathologie, nous pouvons dire que la personne pratiquant davantage la structure «code», évince l'interlocuteur. Tandis que la personne qui utilise davantage la structure «message» cherche ou privilégie la communication.

Ainsi, l'usage privilégié de la structure «message» pourrait être mis en rapport avec la communication, qui se manifeste par le discours, la parole et finalement le message. Par contre l'usage du code, pourrait être un indice de l'apparition des difficultés au niveau de la communication.

L'attitude à l'égard du langage est déterminée par des facteurs dépendants de la personne et qui dans des situations de face à face, influencent la pratique de la communication.

L'attitude à l'égard du langage est déterminée par des facteurs dépendants de la personne et qui dans des situations de face à face, influencent la pratique de la communication.

Oscillation de la Communication

La définition de la communication diffère d'un domaine à l'autre, comme d'un chercheur à l'autre. Pour notre part, nous retenons la définition de l'école de Palo alto (1953) : "la communication est la transmission de l'information entre A et B, et inversement". Néanmoins il nous semble intéressant d'éclaircir voire d'apporter quelques modifications à celle-ci, afin de mieux approcher la communication chez les schizophrènes.

Nous ne discutons pas du fond de la définition, qui met en relief le feed-back ou la rétroaction, mais nous nous interrogeons sur les limites de la rétroaction ; est-elle opérationnelle à l'évolution de la communication ? Nous souhaitons ainsi interroger la notion de dynamique. Pour nous, la communication doit être opérationnelle et efficace, dans le sens où elle doit apporter une ouverture à la relation humaine et non pas une fermeture de l'interaction.

Si la communication est un outil de fermeture, il nous semble préférable de la nommer communication négative ou situation de coparleur ; par opposition à la communication qui ouvre la voie à l'interaction, que nous pourrions nommer communication positive, ou simplement communication.

L'analyse détaillée de la communication verbale et non verbale chez l'homme, s'avère d'une extrême importance à la compréhension de la maladie mentale, en particulier chez les schizophrènes et chez les autistes. Les recherches ont prouvé ainsi que les enfants autistes n'utilisent que la communication non verbale pour exprimer leurs affections et leurs besoins. L'analyse de la communication non verbale des autistes s'avère très compliquée, les signes et la signification demeurant confus, mélangés et non codés.

La définition de l'école de Palo alto nous semble généraliste. Elle ne prend pas en compte, par exemple, certaines spécificités de la maladie mentale. Rapportons le résumé de la définition de cette école proposée par Andrieux (1966 : 280) : «Les principes d'une science de la communication sont différents, nous les trouverons exposés succinctement et très clairement dans deux articles de Weakland J, H. (1967, 1969) et dans un texte de R.L Bird whistelle (1967) :

1-Toute conduite est communication.

2-La communication est un processus d'influence.

3-La communication est soumise à une structuration sociale du message et de l'interprétation du message.

4-Les canaux de communication sont multiples, de nature linguistique et non linguistique.

5-Toute communication se produit à l'intérieur d'un ou plusieurs systèmes d'interaction.

6-La communication produit toujours des effets observables».

Nous pouvons noter dans ce texte deux idées essentielles : d'abord, la communication est prise dans sa totalité, verbale et non verbale. L'auteur ensuite privilégie la production du comportement sur sa compréhension, il souligne néanmoins que le message doit être interprété.

En effet, l'école de Palo alto se base sur la théorie béhavioriste qui ne s'intéresse qu'au phénomène de stimulus/réponse sans se soucier des mécanismes existant hors de la communication. Sans vouloir faire la critique de cette théorie, nous remarquons de notre part qu'il ne s'agit pas d'observer seulement la réponse mais de la comprendre. Il est simple d'observer et de constater, mais difficile de comprendre et de mener la communication à terme.

En fait, nous sommes soucieux de démontrer l'absence du principe de la compréhension dans la définition de l'école de Palo alto. La communication impliquerait pour nous, l'existence d'une rétroaction, claire et bien reçue ou au moins susceptible d'être comprise.

Figure n°2 : Le concept de la compréhension.

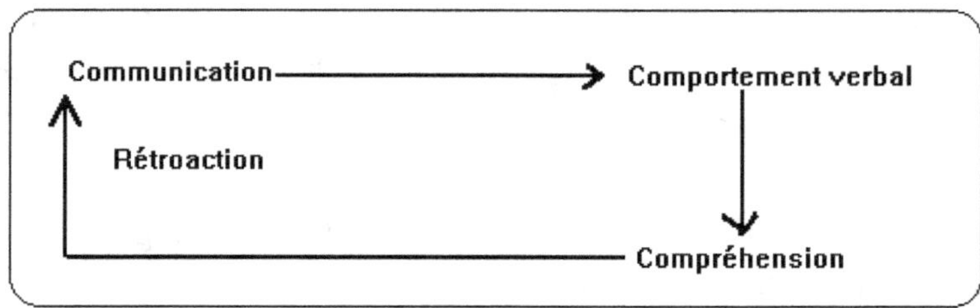

Ceci étant dit, le principe de la motivation reste un élément fondamental qui permet à une situation de rencontre d'être appelée situation de communication. Dans ce cadre Rondale (1982 : 22) souligne que «pour qu'il y ait communication, il faut qu'il y ait chez les interlocuteurs, motivation à émettre et à recevoir. Il faut qu'un accord soit intervenu explicitement ou implicitement entre les interlocuteurs sur l'utilisation d'un code de façon à permettre le codage et le décodage des messages».

Outre l'idée de la reconnaissance d'autrui, nous notons également un deuxième point : la délimitation dans l'espace-temps. Nous savons bien que ces notions de l'espace et du temps et de leur rapport sont perturbées chez les schizophrènes. Ce qui renforce notre idée de marquer la définition de la communication par le principe de l'ouverture et de la fermeture.

1-Compréhension et dynamique de communication.

Reprenons la définition de l'école Palo alto : la communication est ce quoi l'individu "influence" l'autre, c'est la transmission de l'information de A vers B, et de B vers A, et de A vers B ... ; Si cette définition apporte quelque éclairage, elle limite cependant la conception des échanges humains, dans la mesure où elle fait abstraction de la compréhension entre les personnes. Il nous semble pourtant que l'humanité s'inscrit dans une dynamique évolutive, justement dépendante d'une compréhension positive des actes et des comportements d'autrui.

Or lorsque nous reprenons les principes de l'école Palo alto à savoir :

1-"Nous ne pouvons pas ne pas communiquer".

2-"Tout comportement est communication".

3-"Le silence est une communication".

Il est possible de trouver des situations de communication où l'absence de contenu positif existe :

-A peut émettre une information à B.

-B ne comprend pas répond à A

-A ne comprend pas répond B et ainsi de suite.

Ainsi sommes-nous enclins à proposer une nuance, à travers la définition suivante que nous retiendrons dans toute notre étude de la communication. "La communication est la transmission d'informations, *directe* de A vers B, de B vers A et de A vers B, ces trois situations induisent *une compréhension* des deux interlocuteurs". Par les deux termes "directe" et "compréhension", nous prétendons différencier entre les différents niveaux de la communication. Par l'emploi du terme "direct" nous voulons signifier que l'information doit être claire ne demandant pas une interprétation profonde de l'acte de A vers B et inversement ; s'il y a interprétation[13], nous risquons en effet de ne pas avoir l'information exacte transmise par A. Le mot "compréhension" veut dire : B comprend A, il répond et ainsi de suite, sans être obligé de passer par l'interprétation. Même dans une situation de communication entre "normaux", la non-compréhension altère l'interaction.

2-Niveaux de la communication.

La communication est la réciprocité de l'information, c'est un projet d'interaction qui pousse la personne à comprendre l'interlocuteur.

Nous parlerons des mécanismes de défense, comme manifestations pathologiques empêchant toute communication de s'articuler dans un cadre de "rétro-compréhension". Le double lien nous parait dans cette optique comme un mécanisme de défense au même titre que la régression et l'identification projective.

Notre analyse de la communication mettra l'accent sur le rapport pathologique qui pourrait exister entre les formes de communication et l'état du schizophrène.

Pour bien comprendre la problématique de la communication chez les schizophrènes, Nous suggérons une définition privilégiant le concept de **la compréhension de l'information** au concept **d'échange de l'information** :

1- Communication du premier niveau : c'est la communication définie par l'école de Palo alto ; situation de la rétroaction.

2- Communication du deuxième niveau : c'est la communication unilatérale ; situation de l'identification projective.

3- Communication du troisième niveau : c'est la communication où la compréhension des deux interlocuteurs est possible. Les deux partenaires sont conscients de leur présence l'un face à l'autre. C'est une communication mutuelle réciproque.

---

[13]NEUBURGER (1995 : 162).

A ce niveau, nous proposons le terme de "rétro-compréhension" pour préciser la nature de la rétroaction. Ce terme sous-entend l'aboutissement de la communication et par là, l'évolution de la thérapie. Celui de rétroaction, en revanche, ne permet que la visualisation d'un parcours d'échange entre A et B, cachant par là le sens de la situation communicationnelle, qui est : comprendre.

Nous qualifions certaines situations de rétroaction entre thérapeute et schizophrène, du nom de "situation de coparleur".

Exemple :

-Thérapeute : comment es-tu venu à l'hôpital ?

-Schizophrène : oui, le roi, c'est moi qui l'ai éduqué, et mon frère.

-Thérapeute : c'est ton frère qui-t-accompagnait ?

-Schizophrène : mes enfants sont morts.

Pour qu'il y ait communication il faut que les deux interlocuteurs disposent du "même langage", afin que décodage et codage puissent avoir lieu. Si ce n'est pas le cas, la situation de face à face sera plutôt une situation de production de mots sans fin, et non pas une situation de communication cherchant à entretenir les rapports sociaux. Ceci, même si nous prenons en compte l'influence réciproque que cette situation peut créer. «Nous savons aussi que la communication non médiatisée par le langage ou tout autre système de signes ou moyens, comme on l'observe dans le monde animal, ne peut être que plus primitive et des plus limitée. Au fond, cette communication à l'aide de mouvements expressifs ne mérite pas le nom de communication, mais doit bien plutôt être appelée contagion». (Vygotsky, traduction de 1985 : 38).

Face à un schizophrène, il n'est pas facile de parler d'influence réciproque, celui-ci évince complètement l'interlocuteur et produit un discours parallèle à celui du coparleur.

La communication ne se borne pas à transmettre une information, mais induit en même temps un comportement. Pouvons-nous dire chez un schizophrène, que le comportement observé est dû à l'information émise, ou plutôt à un autre phénomène non encore maîtrisé ? En fait, «si la communication est une action sur autrui, elle est aussi une action en commun dans la mesure où elle n'a de sens que si l'interlocuteur la reconnaît» (Noizet et al, 1985 : 139). Dans quelles limites le schizophrène reconnaît-il l'action de l'autre ?

De même, la communication implique l'ajustement réciproque de l'émetteur et du récepteur : assumer le contact (assurer le fonctionnement du canal) ou ajuster les codages. La situation de communication renvoi au projet interaction et l'envie de comprendre l'autre.

Dans cette optique, le schizophrène se trouve rejeté de son groupe étant donné qu'il ne s'engage pas dans la communication et n'arrive pas à faire comprendre ses motivations et intentions communicatives. Il s'éloigne donc de ce groupe en créant un "langage" propre à lui. En s'éloignant du groupe social, le schizophrène perd sa capacité de communication qui ne coïncide, non seulement plus avec le processus de communication dans sa famille mais aussi avec toute la culture de sa société d'appartenance.

Défaillance Relationnelle

Notre expérience sur le terrain auprès des sujets schizophrènes, nous permes de confirmer les défaillances de communication de ces derniers. Voici des remarques pratiquent exposent d'une manière claire cette difficulté de communication.

En général, ces remarques cliniques se rattachent davantage aux comportements des sujets schizophrènes hospitalisés, leurs réactions débutent "normalement" et finissent par des comportements "déraisonnés".

Nous pouvons noter quatre types de productions verbales des sujets schizophrènes hors d'un travaille avec eux sur un protocole « liste de mots »[14] :

1-Des schizophrènes qui soulignent les mots induits sans parler.

2-Des schizophrènes qui soulignent, en accompagnant cette signature par la production du mot souligné.

3-Des schizophrènes qui soulignent les mots induits, en les accompagnant de réponses comme :

-Maladie : hier.

-Casser : j'ai brûlé.

-Sang : mon père.

4- Des sujets qui inscrivent des mots nouveaux.

Ceci étant dit, un patient parlait de son intelligence en disant "j'ai une intelligence fine, quand je pense, je ne peux pas revenir en arrière.

Nous avons pu relever deux types de patients :

1-ceux qui prononçaient les mots d'une manière "normale".

2- et ceux qui verbalisaient d'une façon "excitée". En outre, certains sujets répondaient sans parler, et d'autre accompagnaient leur soulignement des mots par des réflexions telles que :

-Je pense à...

---

[14] -Dans ce travail on demande aux sujets schizophrènes de souligner simplement un des mots induits sur la liste des mots.

-Ca peut être....

Il nous semble intéressant de rapporter une situation clinique d'un schizophrène, qui développait face aux mots induits des réactions spécifiques. Il s'agit de monsieur X, 32 ans, hospitalisé depuis deux mois et demi à l'hôpital psychiatrique. Ce patient était sous traitement chimiothérapique au moment de la passation. Avant de souligner le mot induit, il répétait systématiquement "je pense à". Sa prononciation était très perturbée, dénaturant ainsi le sens des mots. En effet, ce patient ne prononçait que la moitié du mot de la liste :

-Souffrance : "souf".

-Guérison "son".

-Partager : "ger".

-Fusil : "fu".

-Bombe : "bom".

-Mathématique : "ma".

Nous pouvons remarquer que ce sujet prononçait davantage le début du mot induit, toutefois, il a prononcé correctement certains mots tels que : réunir, morceau, et peur. Par ailleurs, il a souligné certains mots sans prononciation particulière comme : rouge, mort, casser, famille, dieu et traumatisme.

Cette production fragmentée des mots ne résulte pas, à notre avis, d'un problème de prononciation, elle est, sans doute, la conséquence d'une souffrance profonde que le schizophrène fuit par le truchement de cette production morcelée des mots. Nous nous interrogeons dans quelle limite cette façon de produire les mots, peut être liée à la théorie de l'économie. Bion (1983) pense que, les schizophrènes essayent de réduire leur souffrance par l'utilisation du principe d'économie.

Le schizophrène se comporte avec la langue maternelle d'une manière pathologique, étant donné que celui-ci est lié à sa mère par des "cordons" pathologiques. Wolfson (1964) dans son livre "le schizo et les langues" analyse ces types de relations et développe une théorie sur le refus du schizophrène de prononcer sa langue maternelle.

Un autre cas clinique nous parait intéressant, c'est le cas d'une femme schizophrène de 46 ans hospitalisée depuis 4 mois. Cette hospitalisation est la quatrième au service psychiatrique.

Lorsque nous avions demandé à cette patiente son accord pour participer, nous avions l'impression qu'elle avait compris la démarche de la passation. Nous avions présenté le protocole et lui avions expliqué la consigne. Après avoir jeté un coup d'oeil rapide, elle nous pris le stylo de la main et demanda une feuille.

La patiente commença ainsi à regarder le protocole et à noter ses réponses sur la feuille. Cette passation dura environ une heure dans un silence complet. Une fois finie, elle laissa la feuille sur la table et elle sortit.

Le protocole complet se présente de la manière suivante :

-Ecarteler : Un supplice.

-Choc : électrochoc.

-Séparer : séparer de David mon fils pleur.

-Gel :

-Abîmer : user.

-Maladie : ça n'existe pas.

-Radiographie : ne crois pas à la médecine.

-Couper : enlever a du mal.

-Tuer : tuer y parle toujours de tuer.

-Détruire :

-Fragment : fragment d'os.

-Sang : David blessé.

-Arracher :

-Plier : Olivier.

-Feu : Chien lourd se jette sur moi.

-Squelette : Jeanne d'arc.

-Trou : boule de neige.

-Casser :

-Manque : métro.

-Diviser :

-souffrir : Est-ce ça existe.

-Diable : diviser pour régner.

-Mort : souffrir psychiquement et moralement.

-Double :

En effet, nous pouvons souligner d'autre créations, notamment celles des schizophrènes qui répondent à un mot, s'arrêtent, tournent dans le bureau, ensuite reviennent s'asseoir continuer la passation. Puis d'autres sujets qui sortent complètement du bureau et qui reviennent après 20 minutes pour continuer la passation. Certaines passations ont duré environ une heure. En effet, les sujets schizophrènes passent en moyenne 25 minutes sur ce protocole

En fait, les sujets schizophrènes n'ont pas méta-communiqué sur le protocole. Excepté les réponses "normales", nous pouvons noter deux niveaux de communications perturbées. L'un s'attache à la production verbale et l'autre aux réactions non verbales. Le premier se remarque dans toutes les productions verbales qui n'étaient pas sollicitées par la consigne, le deuxième se situe dans tous les départs et les retours au bureau, et parfois des départs sans retours.

1-Défaillance de réciprocité.

Dans un contexte de communication toutes les réactions ont un sens bien particulier, mais souvent notre attention peut être orientée vers un axe en ignorant d'autre. Cependant on risque de déprécier certaines réactions par méconnaissances de leur intérêt clinique ou expérimental.

Lors d'un travail sur le processus communicatif chez les schizophrènes en utilisant la méthode bipolaire (paradigmatique/syntagmatique), j'ai essayé de traiter tous les réactions verbale, pour mieux se rendre compte de leur intérêt. Ces réactions peuvent être secondaires par rapport à l'étude de base, mais deviennent primaire par leur intérêt clinique et par l'ouverture d'interprétation qu'il porte à l'ensemble des résultats ou d'analyses.

Les informations secondaires sont, à mon avis, les indices du divorce communicationnel, qui pourrait exister entre les interlocuteurs. On peut remarquer quand le schizophrène montre certaines formes d'accessibilité dans la communication, lors qu'il tourne souvent vers une "communication fermé" ou la réciprocité se perd. En fait, quand la motivation des interlocuteurs n'est pas orientée vers le même objectif, le contexte communicationnel se trouve enclin d'engendrer des informations secondaires, qui alertent sur la rupture dans l'interaction.

Nous pourrions penser que les réactions des sujets schizophrènes sont le produit d'un état émotionnel très douloureux. Selon Bruss et Lang (1965, p151) "le schizophrène est hypersensible à des stimuli affectifs et/ou punitifs".

Le principe de la motivation reste un élément fondamental qui permet à une rencontre d'être appelée situation de communication. Dans ce cadre Rondale (1982 : 22) souligne que «pour qu'il y ait communication, il faut qu'il y ait chez les interlocuteurs, motivation à émettre et à recevoir. Il faut qu'un accord soit intervenu explicitement ou implicitement entre les interlocuteurs sur l'utilisation d'un code de façon à permettre le codage et le décodage des messages».

Pour Resnik (1986), «communiquer veut dire (sic) se délimiter dans l'espace-temps du monde et reconnaître l'identité d'autrui, et ainsi son identité propre à travers la séparation et la différenciation des sujets». Sur ces préalables nous allons analyser cette partie.

Cet exemple montre bien le degré de la défaillance de la réciprocité communicationnelle, en fait la communication ne se borne pas à transmettre une information, mais induit en même temps un comportement. Pouvons-nous dire chez un schizophrène, que le comportement observé est dû à l'information émise, ou plutôt à un autre phénomène non encore maîtrisé ? «Si la communication est une action sur autrui, elle est aussi une action en commun dans la mesure où elle n'a de sens que si l'interlocuteur la reconnaît» (Noizet et al, 1985 : 139). Dans quelles limites le schizophrène reconnaît-il action de l'autre ? De même, la communication implique l'ajustement réciproque de l'émetteur et du récepteur : assumer le contact (assurer le fonctionnement du canal) ou ajuster les codages. La situation de communication renvoi au projet interaction et l'envie de comprendre l'autre.

2-Défaillance de l'intention contractuel

Les enjeux communicatifs dépendent dans une large mesure de l'intention réciproque que partagent les interlocuteurs et du contrat communicatif qui lié ces personnes.

En ce qui concerne l'intention réciproque, nous pouvons souligner qu'avec les sujets schizophrènes la réciprocité ne répond pas au sens habituel du terme. En fait, ces sujets peuvent évincer complètement l'interlocuteur en ne voyant qu'une prolongation de soi, sous la prise de l'identification projective[15].

En ce qui concerne le contrat communicatif, il me semble que le schizophrène a d'abord du mal à respecter un contrat qui dure dans le temps, vu que ce processus est bien perturbé chez lui. La vitesse par laquelle le changement d'humeur peut paraître, met le contrat en échec. Ensuite, la perturbation de son mémoire court lui enlève, en fait, la possibilité d'engager dans un processus de communication.

La régression des sujets schizophrènes, à mon avis, ne se joue pas au niveau des structures communicationnelles[16], mais uniquement au niveau émotionnel. Dans ce cadre nous pourrions émettre l'hypothèse que *la régression des sujets schizophrènes est une régression émotionnelle,* et elle n'est pas une régression communicative.

L'absence de la métacommunication chez les sujets schizophrènes pourrait signifier que l'objectif communicationnel du praticien est loin d'être le même que celui du schizophrène. Ainsi, le travail thérapeutique doit, à notre avis, et en premier lieu orienté l'intention communicative des sujets schizophrènes.

---

[15]-Elhadri Lotfi, 1996

[16]- Elhadri Lotfi. 1996

Défaillance de l'intention contractuelle

Les enjeux communicatifs dépendent dans une large mesure de l'intention réciproque que partagent les interlocuteurs et du contrat communicatif qui lié ces personnes.

En ce qui concerne l'intention réciproque, nous pouvons souligner qu'avec les sujets schizophrènes la réciprocité ne répond pas au sens habituel du terme. En fait, ces sujets peuvent évincer complètement l'interlocuteur en ne voyant qu'une prolongation de soi, sous la prise de l'indentification projectif[17].

En ce qui concerne le contrat communicatif, il me semble que le schizophrène a d'abord du mal à respecte un contrat qui dure dans le temps, vu que ce processus est bien perturbé chez lui. La vitesse par laquelle le changement d'humeur peut paraître, met le contrat en échec. Ensuite, la perturbation de son mémoire court lui enlève, en fait, la possibilité d'engager dans un processus de communication.

La régression des sujets schizophrènes, à mon avis, ne se joue pas au niveau des structures communicationnelles[18], mais uniquement au niveau émotionnel. Dans ce cadre nous pourrions émettre l'hypothèse que **la régression des sujets schizophrènes est une régression émotionnelle**, et elle n'est pas une régression communicative.

L'absence de la métacommunication chez les sujets schizophrènes pourrait signifier que l'objectif communicationnel du praticien est loin d'être le même que celui du schizophrène. Ainsi, le travail thérapeutique doit, à notre avis, et en premier lieu orienté l'intention communicative des sujets schizophrènes.

---

[17] - Elhadri Lotfi, 1996

[18] -Elhadri Lotfi, 1996

L'intention communicative thérapeutique

Notre objectif vise à proposer, une ouverture thérapeutique communicative, qui pourrait aider à mieux investir les situations d'interaction avec les patients schizophrènes.

Les schizophrènes sont aptes à entrer en situation de communication, mais ils souffrent d'un déficit de la planification de l'intention communicative (Trognon et al : 1992). Ceci étant dit, nous pensons que le mécanisme de l'identification projective influence la situation interactionnelle. Le schizophrène est capable par l'intermédiaire de ce mécanisme de faire complètement abstraction de son interlocuteur. Ainsi, l'assimilation et l'accommodation des messages ne se jouent que par rapport à lui-même, et la gestion de l'action communicative n'a plus de sens.

Bien que le mécanisme de la régression touche les sujets schizophrènes, leur niveau communicationnel reste, à notre avis, intact. Ainsi, notre hypothèse penche sur le fait que **la régression se joue davantage sur le plan émotionnel et affectif**.

Ouvrant une réflexion sur le « sexe », nous pensons que ce facteur s'impose par son implication dans le processus thérapeutique. En effet, il pourrait y avoir un impact sur l'efficacité de ce processus.

Il nous semble intéressant d'en tirer des applications cliniques sur "la thérapie sexe", mais il faut tenter d'autres expériences sur le terrain pour réunir un maximum de données sur cette hypothèse.

Néanmoins, dans une démarche de thérapie familiale, nous pensons que le fait de tenir compte du facteur sexe peut apporter une efficacité supplémentaire à cette démarche. Il faut essayer à notre avis de prendre en compte le langage utilisé par les différents sujets (sexe), et leurs places dans la famille.

Cette réflexion sur la "thérapie sexe", nous permet de faire une analogie avec les études sur la fraternité[19], et le rôle de chacun à influencer le

---

*[19]-Neuburger (1995).

processus thérapeutique. Si le rôle de la fraternité influence le processus thérapeutique, nous voyons mal pourquoi le facteur sexe n'aurait pas d'impact sur le même processus ?[20]

Poursuivant cette analyse nous pourrions poser la question, de savoir si le double message provenant de l'homme est différent de celui de la femme. Dans ce cadre, nous pouvons souligner l'idée d'Ausloos (1981)[21] qui différencie entre deux formes de double lien ; la première provient d'une seule personne et la deuxième est émise par deux personnes.

A ce niveau, la différence entre les sexes ne devrait pas être omise du processus thérapeutique. Il est bon de dire que l'homme est "différent" de la femme, c'est une banalité, mais faut-il rappeler que cette banalité n'est que rarement investie dans une démarche thérapeutique. Si l'hypothèse de l'influence de la fratrie dans ce processus, comme le soulignent les travaux de Walter (1987) paraissent plausibles, pourquoi la différence du sexe n'aurait pas d'impact sur l'évolution psychique du système familial ?

En fait, le sens de la demande des soins provenant de la mère serait peut-être différent de celui du père. Ce qui fait que dans un système familial la place de l'un ou de l'autre, la hiérarchie de chacun sont peut-être tributaires du facteur "sexe". D'ailleurs Halley (1980) a souligné que c'est un défaut thérapeutique de penser que dans la démarche thérapeutique tout le système est égal. C'est-à-dire que le sexe et la place de la fratrie jouent un rôle différent dans la dynamique psychique du système.

Ceci étant dit, l'intention de communiquer existe chez les schizophrènes. Cependant, la planification de l'action communicative pose certains problèmes lors de l'interaction. A ce propos Trognon (1992 : 195) souligne que "la schizophrénie se caractérise ainsi, comme un trouble général de la gestion de la combinaison des intentions".

Bien que le désir de communiquer chez les schizophrènes ne manque pas, c'est peut-être la gestion de l'intention et le pragmatisme de la communication qui font défaut. Dans cette perspective, le fait de dire que les schizophrènes ne peuvent pas communiquer, est à notre avis incompatible avec la réalité interactive des sujets schizophrènes.

____

*20-Toman W (1987).

*21-Ausloos G, (1981).

Si ce patient donne l'impression d'être coupé du monde, et replié sur soi, il n'a pas pour autant oublié qu'il existe en tant qu'être humain. Le désir de communiquer chez ce sujet peut employer n'importe quel moyen, à savoir les détours pathologiques. Nous pourrions dire que cette pathologie pousse le schizophrène à développer une capacité de communication. Bien que ses moyens communicatifs ne lui permettent pas d'exprimer ce désir correctement.

Nous pouvons dire avec Frith (1987) que cette capacité est parasitée par la défaillance de l'action communicative chez les sujets schizophrènes et par la faiblesse de leur intention à interagir par rapport au message d'autrui.

Sur ces bases, nous pensons que **le schizophrène est incapable d'instruire le "feed-back positif"**. Celui-ci n'arrive pas à maintenir une situation de "rétro-compréhension" capable de gérer son interaction. En fait, l'oscillation entre les trois niveaux de la communication, coparleur, rétroaction et "rétro-compréhension"; fait que l'interlocuteur se trouve dans une position de présence/absence de la scène interactive.

Hardy-Bayle (1992 : 237) souligne que «...nous pouvons postuler un trouble de la planification de l'action chez le schizophrène qui ne lui permet pas d'exploiter adéquatement les données contextuelles nécessaires à l'organisation et à la poursuite de l'action en cours». Ce n'est pas donc le désir de communiquer qui manque chez le schizophrène, mais plutôt la gestion de ses intentions qui fait défaut par rapport à l'interlocuteur. Ainsi, nous pouvons nous demander, comment le schizophrène en possédant le même code linguistique que les adultes "normaux", n'arrive pas à poursuivre un discours "communicatif" ?

Nous pensons que les travaux de l'école de Palo-Alto représentés par Weakland (1965), répondent à la problématique de la perturbation de l'intention chez les schizophrènes. Pour lui le schizophrène a beaucoup souffert de rejets, ou d'échecs dans ses relations avec autrui, en conséquence celui-ci cherche à éviter toute situation interpersonnelle : le contact avec autrui a acquis des propriétés de renforcement négatif.

Ce qui nous parait intéressant dans cette citation, c'est qu'elle complète l'hypothèse sur la défaillance du processus intentionnel chez le schizophrène. En fait, nous pouvons comprendre dans quel cadre cette défaillance se joue, et pourquoi le schizophrène n'arrive pas à poursuivre son interaction avec autrui ? Nous pensons donc que les schèmes de renforcement négatifs sont à l'origine de l'échec de la planification de l'action communicative.

C'est dans cette perspective que nous avions développé notre réflexion sur l'oscillation du processus de communication. Nous pensons que si le désir de communiquer existe réellement chez le schizophrène, les schèmes de renforcement négatifs interviennent dans son interaction. Ainsi, l'action communicative chez le schizophrène se trouve d'abord parasitée, et la compréhension de l'intention de l'interlocuteur est faussée.

Bien que, le schizophrène soit capable de réagir dans une situation par le feed-back, il est, en revanche, incapable de mener le processus communicatif à terme. Dans la mesure où *la compréhension de l'intention de l'interlocuteur fait défaut.*

Le défaut du processus communicatif chez le schizophrène réside d'abord dans la gestion des intentions par rapport aux interlocuteurs, ensuite dans la planification de ses propres intentions.

La compréhension des intentions d'autrui est une opération d'assimilation, et la production des intentions est une opération d'accommodation. Les renforcements négatifs, la défaillance de ces opérations pourraient à notre avis expliquer l'incapacité de planifier une stratégie communicative.

Dans le même cadre Pachoud (1992 : 273) souligne que «l'intérêt du modèle de Frith, axé sur le concept d'intention, est de suggérer un continuum entre l'appréhension de ses propres intentions et l'appréhension de celles d'autrui». En effet, l'inaptitude à planifier une stratégie à long ou à court terme bloque le processus de "rétro-compréhension". Cela nous amène à émettre une hypothèse sur la défaillance du processus de communication chez les schizophrènes qui ***ne se pose pas au niveau de la rétroaction mais plutôt au niveau de la "rétro-compréhension".***

La démarche sur laquelle nous souhaitons engager la réflexion consiste à repenser la relation thérapeute-schizophrène. Ainsi, la relation thérapeute/schizophrène ne devrait pas se poser par rapport à la maladie schizophrénique ou à l'incapacité des malades à communiquer. Mais elle devrait se poser par rapport à nos efforts pour trouver un canal de communication, avant de dire que le schizophrène ne veut pas ou ne peut pas communiquer. Il faudrait poser la question en terme de rétroaction.

Cependant, la rétroaction ne représente que le premier volet de nos réflexions, parce que si la rétroaction permet de se positionner dans une relation circulaire, elle ne permet pas pour autant une ouverture sur le changement. Pour cela, il nous semble que le principe de la "rétro-compréhension" permet d'infléchir nos démarches vers une évolution afin de créer une dynamique de changement dans le système "interactionnel".

Conclusion

Tout au long de nos travaux sur la pathologie de la communication chez les schizophrènes, nous avons tenté de vérifier d'abord, le fondement de la communication chez ces patients, ensuite nous avons essayé d'articuler la notion de communication avec les deux principes de base de la maladie schizophrénique : la régression et l'identification projective, finalement, notre objectif a été de proposer à partir de nos résultats, des outils de travail thérapeutique, qui pourront aider à mieux investir les situations d'interaction avec les patients schizophrènes.

Selon la logique de nos résultats, les sujets schizophrènes préfèrent davantage l'axe syntagmatique à l'axe paradigmatique. Cette logique nous laisse penser que ces sujets ont plus de mal à être "paradigmatiques" que "syntagmatiques". C'est-à-dire qu'ils sont aptes à entrer en situation de communication, mais ils souffrent d'un déficit de la planification de l'intention communicative (Trognon et al : 1992).

Ceci étant dit, nous pensons que le mécanisme de l'identification projective influence la situation interactionnelle. Le schizophrène est capable par l'intermédiaire de ce mécanisme de faire complètement abstraction de son interlocuteur. Ainsi, l'assimilation et l'accommodation des messages ne se jouent que par rapport à lui-même, et la gestion de l'action communicative n'a plus de sens.

En ce qui concerne le mécanisme de la régression, nous avons pu constater que les résultats rapprochent davantage les sujets enfants/adultes d'un côté et les sujets adultes/schizophrènes de l'autre. Ces résultats ont été confirmés par toutes les analyses.

Bien que le mécanisme de la régression touche les sujets schizophrènes, leur niveau communicationnel reste, à notre avis, intact. Ainsi, notre hypothèse penche sur le fait que *la régression se joue davantage sur le plan émotionnel et affectif*. Dans ce contexte les sujets enfants et schizophrènes affichent des résultats similaires.

Sans doute, le sujet schizophrène souffre d'une perturbation au niveau de l'axe paradigmatique. En effet, si nous admettons que cet axe désigne le retour vers soi et le décodage du réel, et si nous admettons en même temps que le schizophrène est perturbé par rapport à sa relation avec le moi, nous pourrions déduire que le schizophrène ne peut pas manifester de tendance paradigmatique.

Cette manière d'analyser le rapport entre l'axe syntagmatique et l'axe paradigmatique, chez les sujets schizophrènes, pourrait-elle nous fournir des réponses à nos interrogations formulées dans la partie théorique? Nous avions pensé, suite aux réflexions de Lacan, que le sujet schizophrène souffre d'une perturbation sur le plan métaphorique. Le Guern (1973), associe la métaphore à l'axe paradigmatique, et nos résultats montrent que le schizophrène manifeste une nette appartenance à l'axe syntagmatique. Ainsi, nous pourrions en déduire, que la fonction métaphorique est perturbée chez ces sujets, étant donné que l'axe paradigmatique reste inactif par rapport à l'axe syntagmatique. Ces résultats confirment, à notre avis, l'hypothèse de Lacan.

Cette correspondance entre l'axe paradigmatique et la métaphore pourrait répondre aussi à notre deuxième question concernant la référence au réel. Selon la littérature, les sujets schizophrènes souffrent d'une perturbation dans leur relation au réel, c'est-à-dire au niveau de l'axe paradigmatique. Une telle logique va dans le même sens que nos résultats : une réaction plus syntagmatique que paradigmatique.

Ouvrant sur nos analyses en fonction du sexe, nous pensons que le facteur sexe s'impose par son implication dans le processus thérapeutique. En effet, il pourrait y avoir un impact sur l'efficacité de ce processus.

Dans une démarche de thérapie familiale, nous pensons que le fait de tenir compte du facteur sexe peut apporter une efficacité supplémentaire à cette démarche. Il faut essayer à notre avis de prendre en compte le langage utilisé par les différents sujets (sexe), et leurs places dans la famille.

Cette réflexion sur la "thérapie sexe", nous permet de faire une analogie avec les études sur la fraternité[22], et le rôle de chacun à influencer le processus thérapeutique. Si le rôle de la fraternité influence le processus thérapeutique, nous voyons mal pourquoi le facteur sexe n'aurait pas d'impact sur le même processus ?[23]

---

*[22]-Neuburger (1995).

*[23]-Toman W.(1987).

Poursuivant cette analyse nous pourrions poser la question de savoir si le double message provenant de l'homme est différent de celui de la femme. Dans ce cadre, nous pouvons souligner l'idée d'Ausloos (1981)[24] qui différencie entre deux formes de double lien ; la première provient d'une seule personne et la deuxième est émise par deux personnes.

A notre niveau, la différence entre les sexes ne devrait pas être omise du processus thérapeutique. Il est bon de dire que l'homme est "différent" de la femme, c'est une banalité, mais faut-il rappeler que cette banalité n'est que rarement investie dans une démarche thérapeutique. Si l'hypothèse de l'influence de la fratrie dans ce processus, comme le soulignent les travaux de *Walter* (1987) paraissent plausibles, pourquoi la différence du sexe n'aurait pas d'impact sur *l'évolution psychique du système familial* ?

En fait, le sens de la demande des soins provenant de la mère serait peut-être différent de celui du père. Ce qui fait que dans un système familial la place de l'un ou de l'autre, la hiérarchie de chacun sont peut-être tributaires du facteur "sexe". D'ailleurs Halley (1980) a souligné que c'est un défaut thérapeutique d'essayer de dire que dans une situation thérapeutique tout le système est égal. C'est-à-dire que le sexe et la place de la fratrie jouent un rôle différent dans la dynamique psychique du système.

Ce faisant, il nous parait intéressant de souligner, selon nos résultats de l'analyse catégorielle, que d'abord l'axe paradigmatique est tributaire des mots "pathologiques". Ensuite les réactions de malaise provenant de cette épreuve poussent, à notre avis, les sujets à produire des réponses autres. Finalement, l'axe syntagmatique est souvent associé chez nos trois populations aux mots "usuels".

En fait, nous pourrions constater que ces trois populations réagissent de la même manière face aux épreuves "pathologique" et "usuelle". Cela pourrait signifier que l'influence des mots est plus importante que l'appartenance de chaque groupe à son statut, au moins sur trois niveaux :

1-Age : adulte et schizophrène,

2-"Normalité" : enfant et adulte,

3-Pathologique : schizophrène,

---

*24-Ausloos G, (1981).

C'est-à-dire qu'en général, l'impact de la maladie n'a pas influencé, le choix des sujets schizophrènes en comparant avec les sujets "adultes" et enfants.

En revanche, l'analyse des données au niveau de l'axe syntagmatique met en pleine lumière l'effritement de certaines catégories que nous croyons inamovibles. C'est-à-dire *la préférence de la rubrique "défavorable" par les sujets schizophrènes et adultes à l'épreuve "usuelle" et "favorable" à l'épreuve "pathologique"*.

Nous ne disposons maintenant d'aucune interprétation solide capable d'expliquer ce phénomène. Cela signifie à notre avis que ces éléments doivent être davantage développés dans des études ultérieures, mais cela n'empêche pas d'émettre certaines hypothèses.

Nous pourrions conclure, à la lumière des résultats catégoriels, en disant qu'il n'y a pas un bon et un mauvais axe. En effet, les axes paradigmatique et syntagmatique nous ont permis de constater qu'il existe une différence profonde entre les trois populations, mais ce n'est pas parce que nous utilisons l'axe paradigmatique que nous sommes dominés par certains phénomènes négatifs. Il faudrait savoir que l'utilisation d'un tel axe désigne davantage un état d'esprit lié au développement cognitif et affectif.

Sur ces bases, la dichotomie paradigmatique/syntagmatique influence différemment le processus thérapeutique. Si cette dichotomie peut avoir une valeur de diagnostic, elle détient aussi une valeur plus intéressante dans la démarche thérapeutique ; en fait, elle permet d'ajuster cette démarche en fonction du but recherché. Ainsi, comme nous l'avons vu, notre choix du contexte "défavorable" ou/et "favorable" sous l'influence de la structure paradigmatique ou syntagmatique pourrait infléchir les comportements des patients.

Dans un autre cadre, il serait intéressant de nous pencher sur les résultats "contradictoires" de l'analyse structurale de nos trois populations (enfants, adultes et schizophrènes) dans l'épreuve "pathologique" et "usuelle" d'un côté et l'analyse "catégorielle" individuelle de l'autre.

En règle générale, les sujets schizophrènes, à l'analyse de l'épreuve "pathologique" et "usuelle" (catégorielle), adoptent les mêmes préférences que les sujets enfants et adultes. En fait, l'état pathologique de ces sujets n'a pas pu infléchir les comportements des premiers sujets. Nous pourrions en déduire que les structures sémantiques et syntaxiques des deux épreuves n'ont pas influencé l'état pathogène de ces sujets.

Ces résultats nous permettent de faire une analogie entre les entretiens familiaux et les entretiens individuels.

Modèle analogique.

Nous avons, d'abord, analysé nos trois populations séparément, les résultats obtenus sont donc individualisés.

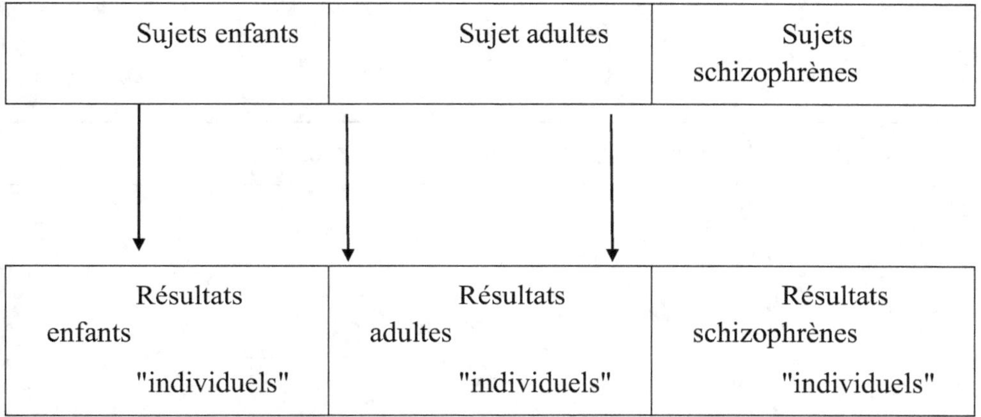

Nous avons ensuite comparé les données concernant les trois populations.

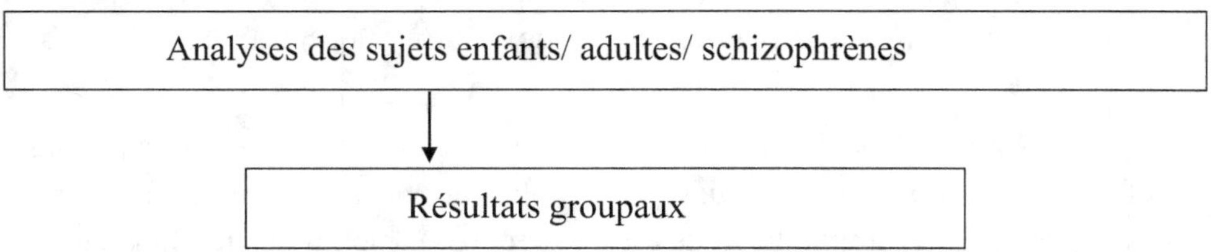

Nous avons pu constater que les résultats de l'analyse "individualisée" sont différents des résultats de l'analyse "groupale". En effet, la tendance à tel axe ou à telle catégorie change en fonction des analyses. Nous avons pu en déduire que les analyses "individualisées" peuvent nous conduire à faire une analogie avec les entretiens de face à face, alors que les analyses "groupales" permettent une analogie avec les entretiens familiaux.

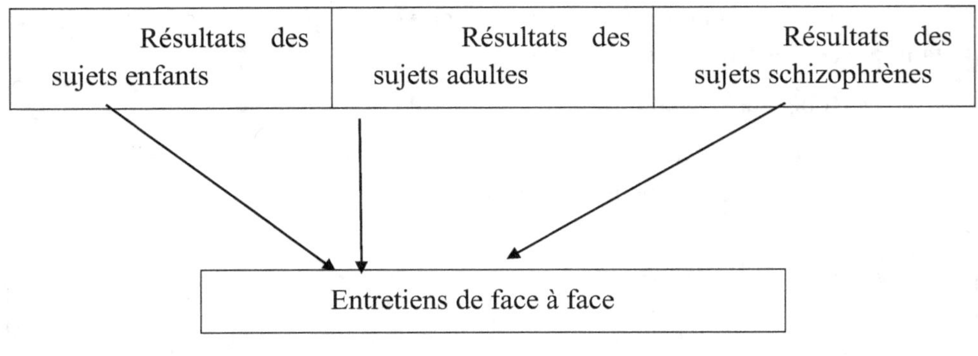

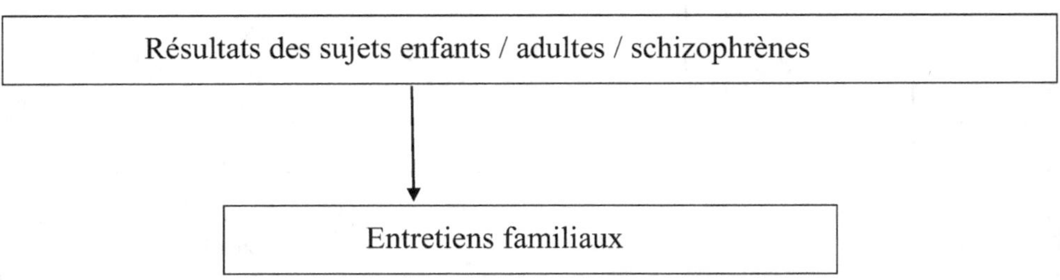

Il en résulte que les tendances de ces sujets à l'axe paradigmatique ou syntagmatique sont influencées par la présence de la famille. Le mode d'interaction et la démarche thérapeutique utilisés dans un cadre de face à face sont différents de ceux pratiqués dans une thérapie familiale.

Nous pensons, en effet que les entretiens avec la famille devraient utiliser un contexte langagier "différent" de celui pratiqué dans l'entretien de face à face.

Afin de mieux saisir le fondement de cette avancée hypothétique, nous allons essayer de développer davantage notre idée. Les résultats de l'épreuve "pathologique" (comparaison des trois groupes) montrent que les sujets schizophrènes ont réagi favorablement à un contexte "défavorable", et dans l'épreuve "usuelle" ils affichent un comportement "défavorable" face à un contexte "favorable".

Nous faisons une analogie avec la situation familiale, si le schizophrène se trouve dans un entretien avec les membres de sa famille, il est probable qu'il manifeste un discours "défavorable" face à un contexte "favorable".

En effet, à la lumière des comparaisons des résultats des sujets enfants/adultes et schizophrènes dans les deux épreuves, ces derniers se montrent "favorables" face à un contexte "défavorable" et "défavorables" face à un contexte "favorable". Et lors des comparaisons à titre "individuel", les sujets schizophrènes réagissent davantage en miroir. Pour ces raisons, nous pensons que lors d'un entretien individuel les sujets schizophrènes réagissent par la production de comportements "défavorables" face à un contexte "défavorable". Bref, notre hypothèse met en relief le caractère changeant des conduites langagières en fonction du contexte : familial ou individuel.

Ceci étant dit, nos résultats permettent d'en déduire que l'intention de communiquer existe chez ces sujets. Cependant, la planification de l'action communicative pose certains problèmes lors de l'interaction. A ce propos Trognon (1992 : 195) souligne que "la schizophrénie se caractérise ainsi, comme un trouble général de la gestion de la combinaison des intentions".

Bien que le désir de communiquer chez les schizophrènes ne manque pas, c'est peut-être la gestion de l'intention et le pragmatisme de la communication qui font défaut. Dans cette perspective, le fait de dire que les schizophrènes ne peuvent pas communiquer, est à notre avis incompatible avec la réalité interactive des sujets schizophrènes.

Si ce patient donne l'impression d'être coupé du monde, et replié sur soi, il n'a pas pour autant oublié qu'il existe en tant qu'être humain. Le désir de communiquer chez ce sujet peut employer n'importe quel moyen, à savoir les détours pathologiques. Nous pourrions dire que cette pathologie pousse le schizophrène à développer une capacité de communication, à tel point que ses résultats syntagmatiques ont dépassé ceux des sujets adultes "normaux". Bien que ses moyens communicatifs ne lui permettent pas d'exprimer ce désir correctement.

Selon nos résultats des analyses structurales, catégorielles, grammaticales, thématiques..., nous pouvons nous interroger sur le véritable sens de l'appartenance des sujets schizophrènes à l'axe syntagmatique qui semble être décalé par rapport à leur "réalité communicative". Nous avons souvent dit que cet axe plaide en faveur de la capacité de communication, néanmoins nous pouvons dire avec Frith (1987) que cette capacité est parasitée par la défaillance de l'action communicative chez les sujets schizophrènes et par la faiblesse de leur intention à interagir par rapport au message d'autrui.

Sur ces bases, nous pensons que *le schizophrène est incapable d'instruire le "feed-back positif"*. Celui-ci n'arrive pas à maintenir une situation de "rétro-compréhension" capable de gérer son interaction. En fait, l'oscillation entre les trois niveaux de la communication, coparleur, rétroaction et "rétro-compréhension" ; fait que l'interlocuteur se trouve dans une position de présence/absence de la scène interactive.

Hardy-Bayle (1992 : 237) souligne que «...nous pouvons postuler un trouble de la planification de l'action chez le schizophrène qui ne lui permet pas d'exploiter adéquatement les données contextuelles nécessaires à l'organisation et à la poursuite de l'action en cours». Ce n'est pas donc le désir de communiquer qui manque chez le schizophrène, mais plutôt la gestion de ses intentions qui fait défaut par rapport à l'interlocuteur. Ainsi, nous pouvons nous demander, comment le schizophrène en possédant le même code linguistique que les adultes "normaux", n'arrive pas à poursuivre un discours "communicatif" ?

Nous pensons que les travaux de l'école de Palo-Alto représentés par Weakland (1965), répondent à la problématique de la perturbation de l'intention chez les schizophrènes. Pour lui le schizophrène a beaucoup souffert de rejets, ou d'échecs dans ses relations avec autrui, en conséquence celui-ci cherche à éviter toute situation interpersonnelle : le contact avec autrui a acquis des propriétés de renforcement négatif.

Ce qui nous parait intéressant dans cette citation, c'est qu'elle complète l'hypothèse sur la défaillance du processus intentionnel chez le schizophrène. En fait, nous pouvons comprendre dans quel cadre cette défaillance se joue, et pourquoi le schizophrène n'arrive pas à poursuivre son interaction avec autrui ? Nous pensons donc que les schèmes de renforcement négatifs sont à l'origine de l'échec de la planification de l'action communicative.

C'est dans cette perspective que nous avions développé notre réflexion sur l'oscillation du processus de communication. Nous pensons que si le désir de communiquer existe réellement chez le schizophrène, les schèmes de renforcement négatifs interviennent dans son interaction. Ainsi, l'action communicative chez le schizophrène se trouve d'abord parasitée, et la compréhension de l'intention de l'interlocuteur est faussée.

La compréhension des intentions d'autrui est une opération d'assimilation, et la production des intentions est une opération d'accommodation. Les renforcements négatifs, la défaillance de ces opérations pourraient à notre avis expliquer l'incapacité de planifier une stratégie communicative.

Dans le même cadre Pachoud (1992 : 273) souligne que «l'intérêt du modèle de Frith, axé sur le concept d'intention, est de suggérer un continuum entre l'appréhension de ses propres intentions et l'appréhension de celles d'autrui». En effet, l'inaptitude à planifier une stratégie à long ou à court terme bloque le processus de "rétro-compréhension". Cela nous amène à émettre une hypothèse sur la défaillance du processus de communication chez les schizophrènes qui *ne se pose pas au niveau de la rétroaction mais plutôt au niveau de la "rétro-compréhension"*.

La démarche sur laquelle nous souhaitons engager la réflexion consiste à repenser la relation thérapeute-schizophrène. En fait, nos résultats nous ont, en général, permis de constater qu'il existe une réelle tendance de communication chez les sujets schizophrènes.

Ainsi, la relation thérapeute/schizophrène ne devrait pas se poser par rapport à la maladie schizophrénique ou à l'incapacité des malades à communiquer. Mais elle devrait se poser par rapport à nos efforts pour trouver un canal de communication, avant de dire que le schizophrène ne veut pas ou ne peut pas communiquer. Il faudrait poser la question en terme de rétroaction.

Cependant, la rétroaction ne représente que le premier volet de nos réflexions, parce que si la rétroaction permet de se positionner dans une relation circulaire, elle ne permet pas pour autant une ouverture sur le changement. Pour cela, il nous semble que le principe de la "rétro-compréhension" permet d'infléchir nos démarches vers une évolution afin de créer une dynamique de changement dans le système "interactionnel".

-ALENDRE F.G. ET SELESNICK S.T. (1966) : HISTOIRE DE LA PSYCHIATRIE, ARMAND COLIN, 1972, 480P.

-AMADO G. (1982) : FONDEMENTS DE LA PSYCHOPATHOLOGIE, P.U.F, 314P.

-AMMON G. (1971) : DYNAMIQUE DE REVE ET DE LA REALITE DANS LE TRAITEMENT DE LA SCHIZOPHRENIE, REVUE FRANÇAISE DE PSYCHANALYSE, N°5-6, PP. 1047-1058.

-AMY G. (1973) : POINT DE REPERE POUR COMPRENDRE L'EVOLUTION DE LA PSYCHOLINGUISTIQUE, CONFRONTATION PSYCHIATRIQUE, N°16, PP. 93-130.

-ANDREASEN N.C. (1994) : DIAGNOSTIC, EVOLUTION ET SUBSTRATUM NEUROPATHOLOGIQUE DE LA SCHIZOPHRENIE, TRIANGLE, V34, N°1/2, PP. 5-9.

-ANZIEU D. ET CHABERT C. (1961) : LES METHODES PROJECTIVES, P.U.F, 8EME EDITION, 1987, 342P.

-DARACCO GARCIA J. (1986) : L'IDENTIFICATION ET SES VICISSITUDES DANS LES PSYCHOSES, L'IMPORTANCE DE LA NOTION D'"OBJET QUI REND FOU", REVUE. FRANÇAISE DE PSYCHANALYSE, N°5, PP. 1317-1337.

-BALINT M. (1959) : LES VOIX DE LA REGRESSION, PAYOT, 1972, 183P.

-BEAUVOIS J.L. (1969) : ATTITUDE PSYCHOLOGIQUE ENVERS LES MOTS, THESE PARIS.

-BEAUVOIS J.L ET GHIGLIONE R. (1981) : L'HOMME ET SON LANGAGE, ATTITUDE ET ENJEUX SOCIAUX, P.U.F., 277P.

-BEAUVOIS J.L ET GHIGLIONE R. (1978) : LANGAGE OBJET ET THEORIE DES ATTITUDES LANGAGIERES, THESE, UNIVERSITE DE LILLE III.

-BELBEY J. (1949) : DEMENCE PRECOCE ET SCHIZOPHRENIE : LEUR SEPARATION, ANNEE MEDICAL PSYCHOLOGIQUE, N°2, JUILLET, PP. 168-183.

-BENOIT J.C. (1981) : LES DOUBLES LIENS, PARADOXES FAMILIAUX DES SCHIZOPHRENES, P.U.F, 79P.

-BENVENISTE E. (1966) : PROBLEME DE LINGUISTIQUE GENERALE, GALLIMARD, 356P. T I.

-BENVENISTE E. (1966) : PROBLEME DE LINGUISTIQUE GENERALE, GALLIMARD, 286P. T II.

-BERNER P. (1991) : DELUSIONAL ATMOSPHERE, BR; J. PSYCHIATRIE, 159, (SUPPL. 14), PP.88-83.

-BERTONI N ET TROGNON A. (1992) : STRUCTURES COMMUNICATIONNELLES DE LA SITUATION THERAPEUTIQUE, IN Q.DEBRAY ET B.PACHOUD (EDS) LE RECIT. PARIS,

MASSON.

-BION W.R. (1967) : REFLEXION FAITE, P.U.F.(1983), 192P.

-BLEULER E. (1911) : DEMENTIA PRAECOX OR THE GROUPE SCHIZPHRENIA, TRANSLATED BY ZIN KIN, INTERNNATIONAL UNIVERSITY PRESS, NEW YORK, 1950.

-BRONCKART J.P. (1976) : LES MODES D'EXPRESSION DE L'ASPECT DANS LE LANGAGE DE L'ENFANT, THESE, DESSART ET MARDAGA EDITEURS, 152P.

-BRONCKART J.P. ET AL. (1983.) : PSYCHOLINGUISTIQUE DE L'ENFANT, RECHERCHE SUR L'ACQUISITION DU LANGAGE, DELACHAUX ET NIESTLE, BRUXELLES, 294P.

-CAILLE P. (1985) : FAMILLE ET THERAPEUTE, E.S.F., 159P.

-CAPARROS N. (1982) : LE REEL ET L'IMAGINAIRE DANS LE SYMPTOME SCHIZOPHRENIQUE, SYMPOSIUM INTERNATIONAL, TUNIS, IBN-SINA, COLOMBE, SOUS LA DIRECTION DE E. JEDDI, L'HARMATTAN (ED), 1985, 180P.

-CHABERT C. (1964) : LA PATHOLOGIE A L'EPREUVE DE RORSCHACH, DUNOD, 242P.

-CHAIKA E. ET LAMBE R. (1985) :THE LOCUS OF DYSFUNCTION IN SCHIZOPHRENIC SPEECH, SCHIZOPRH BULL., 11, 1, PP. 8-14.

-CHAIKA E. (1974) : A LINGUIST LOOKS AT "SCHIZOPHRENIC" LANGUAGE, BRAIN AND LANGUAGE, N°1, PP. 257-276.

CIOMPI L. (1994) : INFLUENCE DU VIEILLISSEMENT SUR LA SCHIZOPHRENIE, TRIANGLE, V34, N°1/2, PP. 83-90.

-COSNIER J. (1981) : NOUVELLES CLEFS POUR LA PSYCHOLOGIE, P.U. DE LYON, 216P.

-DE BONIS M. (1992) : INTRODUCTION : TROUBLES COGNITIFS ET SYMPTOMES SCHIZOPHRENIQUES, REVUE EUROPEENNE DE PSYCHOLOGIE APPLIQUEE, 42-2, PP. 93-96.

-DELAN J. ET AL. (1958) : LE TEST DE RORSCHACH ET LE DIAGNOSTIC DE LA SCHIZOPHRENIE, RORSCHACHIANA, N°6, PP. 66-83.

-DELAY J. ET PICHOT P. (1967) : ABREGE DE PSYCHOLOGIE, MASSON, 489P.

-DE SAUSSURE F. (1915) : COURS DE LINGUISTIQUE GENERALE, PAYOT, PARIS, 1972, 509P.

-DOR J. (1985.) : INTRODUCTION A LA LECTURE DE LACAN, DENOEL, 265P.

-DURAN ET AL. (1949.) :LE CONTENU DES REPONSES DANS LE TEST DE RORSCHACH CHEZ LES SCHIZOPHRENES, SOCIETE MEDICO-PSYCHOLOGIQUE, N°2, SEANCE DE 13 JUIN, PP. 198-200.

-EDGAR M. (1986) : LA METHODE 3; LA CONNAISSANCE DE LA CONNAISSANCE, ED. SEUIL, 243P.

-EL HADRI LOTFI : La communication chez les schizophrenes, These, Universite de Besançon, France, 500p.

-EVRETT J.E., LAPLANTE L. et THOMAS J. (1989) : The selective attention deficit in schizophrenia, The Journal of Nervous and Mental Disease, 177, 12, pp. 735-738.

-EY H. et al. (1967) : Manuel de psychiatrie, Masson et Cie, 1211p.

-FEDERN P. (1952) : La psychologie du Moi et les psychoses, P.U.F, 1979, 39p.

-FONTAIN M. et al (1974) : Approche linguistique du discours du schizophrene, Annales Medico-psychologiques, Paris, T1, 132eme annee, n°2, pp. 169-182.

-FOWLER D. (1991) : Cognitive-behavior therapy in the management of patients with schizophrenia, Presentation at the International Symposium on the Psychotherapy of Schizophrenia, Stockholm.

-FREUD S. (1954) : Cinq psychanalyse, P.U.F, 1979, 422p.

-FREUD S. : Nevrose, psychose et perversion, P.U.F, 1973, 306 p.

-FRITH C.D. (1987) : The positive and negative symptom reflect impairments in the perception and initiation of action, Psychological Medicine, 17, pp. 631-648.

-FRITH C.D. (1989) : Specific cognitive deficits in schizophrenia, CPC, 9-6, pp.623-626.

-FRITH C.D. et DONE D.J. (1989) : Experiences of alien in schizophrenia reflect a disorder in the central monitoring of action, Psychological Medecine, 19, pp. 359-363.

-GARRABE J. (1992) : Histoire de la schizophrenie, Seghers, 329p.

-GHIGLIONE R. et al. (1980) : Manuel d'analyse de contenu, Armand Colin, 159p.

-GIRARD M. (1978-79) : Contribution a l'etude de langage chez les schizophrenes, These, D'etat, MED, TOULOUSE.

-GRIVOIS H. (1993) : Affectif et cognitif dans la psychose, Masson, Paris, 115p.

-GORI R.C. et BEAUVOIS J.L. (1970.) : Notes sur les techniques projectives et la bipolarite du discours, Bulletin de. Psychologie, T.23, n°17-9, pp. 1066-1068.

-HAFNER H. (1994) : epidemiologie de la schizophrenie, Triangle, v34, n°1/2, pp. 11-34.

-HALLEY J. (1980) : Leaving home, quand le jeune adultes quitte sa famille, ESF, 1991, 334p.

-HARDY-BAYLE M.C. et al. (1990) : Deficit dans l'exploitation des strategies cognitives et schizophrenie, Actual. Psychiatre., 5, pp. 29-33.

-HARDY-BAYLE M.C. (1991) : LES MODELES COGNITIVES DE LA PENSEE SCHIZOPHRENIQUE, REV. PRAT., 7, PP. 607-611.

-HARDY-BAYLE M.C. (1990) : UN MODELE PRAGMATIQUE DE LA COMMUNICATION. POUR UNE REFLEXION PSYCHOPATHOLOGIQUE, REV. INT. PSYCHOPATHOLOGIE., 2, PP. 489-502

-HARDY-BAYLE M.C. (1992) : PLANIFICATION DE L'ACTION ET COMMUNICATION SCHIZOPHRENIQUE, PSYCHOLOGIE FRANÇAISE, N°37-3-4, PP. 235-244.

-HENDERSON D. (1927) : MANUEL DE PSYCHIATRIE, P.U.F, 1955, 771P.

-HEUYER G. (1974) : LA SCHIZOPHRENIE, P.U.F, 230P.

-HOC J.M. (1983) : L'ANALYSE PLANIFIEE DES DONNEES EN PSYCHOLOGIE, P.U.F, 245P.

-HOFFER A. ET OSMOND H. (1966) : COMMENT VIVRE AVEC LA SCHIZOPHRENIE, FLAMMARION, 1970, 252P.

-HURON R. ET GIRARD M. (1981) : LA THEORIE LINGUISTIQUE DE N. CHOMSKY : APPLICATION A LA PSYCHIATRIE, CONFRONTATION PSYCHIATRIQUE, N°19, PP. 59-89.

-IRIGARAY L. (1968.) : EPREUVE DE PRODUCTION DE PHRASE CHEZ LES DEMENTS ET LES SCHIZOPHRENES, PSYCHOLOGIE FRANÇAISE, N°13 (2), PP. 157-165.

-JABLENSKY A. (1994) : ASPECTS TRANSCULTURELS DE LA SCHIZOPHRENIE, TRIANGLE, V34, N°1/2, PP. 43-55.

-JAKOBSON R. (1963) : ESSAI DE LINGUISTIQUE GENERALE, ED DE MINUIT, 1973, 317P.

-JAKOBSON R. (1969) : LANGAGE ENFANTIN ET APHASIE, FLAMMARION, 1980, 187P.

-JEDDI E.(1985) : PSYCHOSE FAMILLE ET CULTURE, SYMPOSIUM INTERNATIONAL IBN-SINA, COLOMBE, TUNIS, L'HARMATTAN, 324P.

-JODELET F. (1965) : L'ASSOCIATION VERBALE, IN TRAITE DE PSYCHOLOGIE EXPERIMENTALE, T VIII, SOUS LA DIRECTION DE P.FRAISE J.PIAGET, P.U.F, (PP. 93-134), 306P.

-JUNG C.G. (1964) : ESSAI D'EXPLORATION DE L'INCONSCIENT, FOLIO, 181P.

-JUNG C.G. (1928) : L'INCONSCIENT DANS LA VIE PSYCHIQUE NORMALE ET ANORMALE, PAYOT, 190P.

-KATAN M. (1961) : REVE ET PSYCHOSE : LEUR RAPPORT AVEC LES PROCESSUS HALLUCINATOIRE, REVUE FRANÇAISE DE PSYCHANALYSE, N°25, PP. 681-700.

-KESSLER C. (1983-84) : SYMPTOME ET STRUCTURE DANS LA SCHIZOPHRENIE, BULLETIN DE PSYCHOLOGIE, VOL 37, N°364, PP. 333-345.

-KLEIN M. (1981) : NOTE SUR LA DEPRESSION CHEZ LE SCHIZOPHRENE, REVUE FRANÇAISE

DE PSYCHANALYSE, N°25, PP. 937-940.

-KNIGHT R.A. (1986) : CONVERGING MODELS OF COGNITIVE DEFICIT IN SCHIZOPHRENIA, IN W.D. SPAULDING, J.K COLE (EDS) THERIES OF SZ AND PSYCHOLO IS. UNIVERTITY OF NEBRASCKA.

-KRAEPELIN E. : INTRODUCTION A LA PSYCHIATRIE CLINIQUE, NAVARIN (ED), 1984, 439P.

-KREITLER HANS H.(1957) : LES BASES PSYCHOLOGIQUES DU LANGAGE DES SCHIZOPHRENES, ACTA NEUROLOGICA BELGICA, FASC 12, VOL.57, PP. 950-953.

-LACAN L. (1966) : ECRIT, SEUIL, 924P.

-LACAN L. (1975) : LES PSYCHOSES, (SEMINAIRES LIVRE III), SEUIL, 1981, 363P.

-LANG H.(1981) : REFOULEMENT ET SCHIZO (SPULTUNG), ASPECT LINGUISTIQUE DE LA DEMARCATION ENTRE NEVROSE ET PSYCHOSE, CONFRONTATION PSYCHIATRIQUE, N°19, PP. 215-230.

-LANTERI-LAURA G. (1969) : SYNTAGME ET PARADIGME, CONCEPTS OPERATOIRES EN TECHNIQUE PROJECTIVE, BULLETIN DE SOCIETE FRANÇAISE.

-LANTERI-LAURA G (1968) : RORSCHACH, METHODE PROJECTIVE, N°23, OCTOBRE, 23-31, SYMPOSIUM ANNUEL,.

-LAPLANCHE J. ET PONTALIS J.B. (1967) : VOCABULAIRE DE LA PSYCHANALYSE, P.U.F, 1984, 523P.

-LE GUERN M. (1973) : SEMANTIQUE DE LA METAPHORE ET DE LA METONYMIE, LAROUSSE DE L'UNIVERSITE, 126P.

-LEROY M. (1971) : LES GRANDS COURANTS DE LA LINGUISTIQUE MODERNE, ED. DE L'UNIVERSITE DE BRUXELLES, 210P.

-LESUR A. (1994) : LA SCHIZOPHRENIE : LA COMPRENDRE POUR MIEUX LA VIVRE, LUMDBECK, 87P.

-LIDZ T. (1940) : LE SCHIZOPHRENE ET SA FAMILLE, NAVARIN EDITEUR, 1986, 184P.

-LUQUET P. (1969) : REMARQUE PRELIMINAIRES SUR LA METAPSYCHOLOGIE ET LA STRUCTURE DE LA PENSEE, REVUE FRANÇAISE DE PSYCHANALYSE, 5-6, PP. 869-873.

-LYONS (1968) : LINGUISTIQUE GENERALE : INTRODUCTION A LA LINGUISTIQUE THEORIQUE, ED., LAROUSSE PARIS, 1973, 382P.

-MAISONDIEU J. ET HETAYER L. (1986) : LES THERAPIES FAMILIALES, QUE SAIS JE? 126P.

-MALEVAL A.J. (1980) :   LA DESTRUCTION DE L'IMAGE DU CORPS DANS LES NEVROSES ET LES PSYCHOSES, REVUE FRANÇAISE DE PSYCHANALYSE, T.45, JANVIER-MARS, PP. 91-121.

-MANNONI M. (1970) : LE PSYCHIATRE SON "FOU" ET LA PSYCHANALYSE, SEUIL, 271P.

-MANUS A. (1987) : PSYCHOSE ET NEVROSES DE L'ADULTES, QUE SAIS-JE, 127P.

-MARNEROS A. (1994) : EVOLUTION A LONG TERME ET PRONOSTIC DE LA SCHIZOPHRENIE, TRIANGLE, V34, N°1/2, PP. 35-42.

-MARNEROS A. (1994) : SCHIZOPHRENIE, TRIANGLE, V34, N°1/2, PP. 3-4.

-MASUD M. ET KHAN R. (1961) : ASPECTS CLINIQUES DE LA PERSONNALITE SCHOÏDE : AFFECTS ET TECHNIQUES, REVUE FRANÇAISE DE PSYCHANALYSE, N°25, PP. 824-838.

-MELTZER H.Y. (1994) : TRAITEMENT MEDICAMENTEUX DE LA SCHIZOPHRENIE, TRIANGLE, V34, N°1/2, PP. 91-103.

-MIERMONT J. (1986) : METACOMMUNICATION DOUBLES LIENS ET MULTILIENS : ETATS AUTOREFERENTIELS, IN COMMUNICATION ET REPRESENTATION, SOUS LA DIRECTION DE P. FIDIDA, P.U.F.

-MINKOWSKI E. (1945) : LE LANGAGE ET LE VECU, CAHIER DE MINKOWSKA, (1965) DECEMBRE, PP. 114-190,

-MINKOWSKI E. (1962) : ETUDE D'UNE EVOLUTION SCHIZOÏDE SUR LA BASE DU LANGAGE ET DE METAMORPHOSE, CAHIER DE MINKOWSKA, DECEMBRE, PP. 19-37.

-MINKOWSKI E. (1964) : LES SCHIZOPHRENES PEINTS PAR EUX-MEMES, CAHIER DE MINKOWSKA, DECEMBRE, PP.17-18.

-MINKOWSKI E. (1927) : LA SCHIZOPHRENIE, PAYOT, 268P.

-MINKOWSKI E.ET DE FURSAC R.(1964) : CONTRIBUTION A L'ETUDE DE LA PENSEE ET DE L'ATTITUDE AUTISTE : (LE RATIONALISME MORBIDE), CAHIER DE MINKOWSKA, DECEMBRE, PP. 9-16

-MINKOWSKA F. (1956) : LE RORSCHACH: A LA RECHERCHE DU MONDE DES FORMES, DESCLEE DE ROWER, 1978, 279P.

-MOUNIN G. (1969) : CLEFS POUR LA LINGUISTIQUE, SEHGERS, 192P.

-MULLER C. (1982) : ETUDES SUR LA PSYCHOTHERAPIE DES PSYCHOSES, PRIVAT, 191P.

-MUSIOL M. (1992) : DE L'INCOHERENCE DU DISCOURS AU DESORDRE DE LA PENSEE CHEZ LE SCHIZOPHRENE, PSYCHOLOGIE FRANÇAISE, N°37-3-4, PP. 221-233.

-NASRALLAH H.A. (1994) : DONNEES PARACLINIQUES DANS LA SCHIZOPHRENIE : NEUROANATOMIE ET HISTOLOGIE, TRIANGLE, V34, N°1/2, PP. 57-62.

-NELSON K. (1985) : LE DEVELOPPEMENT DE LA REPRESENTATION SEMANTIQUE CHEZ L'ENFANT, PSYCHOLOGIE FRANÇAISE, N°30, PP. 261-268.

-NOIZET G. ET PICHEVINT C. (1966) : ORGANISATION PARADIGMATIQUE ET ORGANISATION SYNTAGMATIQUE DU DISCOURS : UNE APPROCHE COMPARATIVE, ANNEE PSYCHOLOGIQUE, N°66 (1), PP. 91-110.

-NEUBURGER R. (1995) : LE MYTHE FAMILIAL, ESF, 180P.

-ORVIG SALAZAR A. (1992) : REFERENCE ET ORGANISATION DISCURSIVE CHEZ DES PATIENTS SCHIZOPHRENES, PSYCHOLOGIE FRANÇAISE, N°37-3-4, PP. 255-266.

-PACHOUD B. (1992) : POUR UNE THEORIE UNIFIE DES TROUBLES DE LA COMMUNICATION, DE LA PENSEE ET DE L'ACTION DES SCHIZOPHRENES, EN TERMES DES TROUBLES DU TRAITEMENT DES INTENTIONS, PSYCHOLOGIE FRANÇAISE, N°37-3-4, PP. 267-275.

-PANKOW G. (1969) : L'HOMME ET SA PSYCHOSE, AUBIER MONTAGNE, 303P.

-PERRIS C (1994) : APPROCHES PSYCHOTHERAPIQUES DE LA SCHIZOPHRENIE, TRIANGLE, V34, N°1/2, PP. 105-111.

-PERRIS C. (1989) : COGNITIVE THERAPY WITH SCHIZOPHRENIC PATIENTS, GUILFORD, NEW YORK.

-PERRIS C, NORDSTROMG G, TROENG L. (1992) : IN : COMPREHENSIVE CASEBOOK OF COGNITIVE THERAPY, ED A FREEMAN, FM DATTILO, PLENUM PRESS, NEW YORK, PP. 313-330.

-PERSE J. ET MASSUYEAU Y. (1984) : EXISTE-T-IL DES SIGNES PATHOGNOMONIQUES DE SCHIZOPHRENIE DANS LE TEST DE RORSCHACH, REVUE DE PSYCHOLOGIE APPLIQUEE, VOL.34, N°1, PP. 59-74.

-PEYTARD J ET GENOUVRIER E. (1970) : LINGUISTIQUE ET ENSEIGNEMENT DU FRANÇAIS, LAROUSSE, 286P.

-PINARD G. ET AL. (1972) : ETUDE DU COMPORTEMENT VERBAL DANS LA DEPRESSION PSYCHOTIQUE, REVUE DE PSYCHOLOGIE APPLIQUEE, N°4, PP. 229-246.

-PIROT S. (1960) : LA DISSOCIATION SEMANTIQUE, ANNAL MEDICAL PSYCHOLOGIQUE, VOL.2, FASC 2, PP. 407-436.

-PLACE E.J.S. ET GILMORE G.C. (1980): PERPETUAL ORGANIZATION IN SCHIZOPHRENIA, J. ABNORM PSYCHOL., N°89, PP. 409-418.

-PLAGNOL A. (1992) : "TROUBLES COGNITIFS" ET "SCHIZOPHRENIE", PSYCHOLOGIE FRANÇAISE, N°37-3-4, PP. 213-220.

-PROPPING P. (1994) : GENETIQUE DE LA SCHIZOPHRENIE, TRIANGLE, V34, N°1/2, PP. 63-69.

-POROT D. (1978) : LES TROUBLES DU LANGAGE, QUE SAIS-JE? 124P.

-POSTEL J. ET WANOUNOU V. (1978) : LES TROUBLES DU LANGAGE DANS LA

SCHIZOPHRENIE, BULLETIN DE PSYCHOLOGIE, TXXXII, N°339, PP. 337-351.
-RACAMIER P.C.(1973) : LE PSYCHANALYSTE SANS DIVAN, PAYOT, 435P.

-RACAMIER P.C. (1980) : LES SCHIZOPHRENES, PAYOT, 1983, 207P.

-RACAMIER P.C. (1969) : NOTES BREVES SUR LA CLINIQUE PSYCHOTIQUE DES TROUBLES DE LA PENSEE, REVUE FRANÇAISE DE PSYCHANALYSE, N°5-6, PP. 876-879.

-RACAMIER P.C. (1986) : LES TRAVAUX PSYCHANALYTIQUES DE LANGUE FRANÇAISE SUR LES PSYCHOSES ET LES PROCESSUS ASSOCIES, (REPERTOIRE BIBLIOGRAPHIQUE : 1924-1985), REVUE FRANÇAISE DE PSYCHANALYSE, N°5, PP. 1421-1440.

-RACAMIER P.C. (1975) : LES SCHIZOPHRENES ET LEURS FAMILLES DE POINT DE VUE PSYCHANALYTIQUE, EVOLUTION PSYCHIATRIQUE, N°2, PP. 341-356.

-RACLOT M. (1986) : SCHIZOPHRENIE ET PSYCHANALYSE, STRUCTURE DE LA PERSONNALITE ET DEVENIR DE SUJET, REVUE FRANÇAISE DE PSYCHANALYSE, N°5, PP. 1391-1420.

-REMSCHMIDT H. (1994) : PSYCHOSES SCHIZOPHRENIQUES CHEZ L'ENFANT ET L'ADOLESCENT, TRIANGLE, V34, N°1/2, PP. 71-81.

-RESNIK S. (1986) : L'EXPERIENCE PSYCHOTIQUE, GESURA LYON, 276P.

-ROCH-LECOURS A. ET AL. (1981) : LANGAGE ET PENSEE DU SCHIZOPHASE, CONFRONTATION PSYCHIATRIQUE, N°19, PP. 109-139.

-ROENBERG D.S. ET AL. (1979) : VERBAL BEHAVIOR AND SCHIZOPHRENIA, ARCH GEN PSYCHIATRY, VOL.36, PP. 1331-1337.

-ROLENS R. (1969) : INTRODUCTION A LA PSYCHOPATHOLOGIE, LAROUSSE, 228P.

-RONDAL J.A ET AL. (1981) : PSYCHOLINGUISTIQUE ET HANDICAP MENTAL, PIERRE MARDAGA, 244P.

-RORSCHACH H. (1921) : PSYCHODIAGNOSTIQUE, P.U.F, 1976, 470P.

-SACERDOTI G.(1979) : LE "CONTRE-ACTING" ET SES RAPPORTS AVEC "L'INSIGHT" DANS LES PROBLEMES PSYCHOTIQUES, REVUE FRANÇAISE DE PSYCHANALYSE, N°2, PP. 335-341.

-SAMI ALI. (1970) : DE LA PROJECTION, P.P.PAYOT, 322P.

-SCHWARZ E. (1988) : LA REVOLUTION DES SYSTEMES, UNE INTRODUCTION A L'APPROCHE SYSTEMIQUE, DELVAL, P198.

-SEGLAS J. (1892) : DES TROUBLES DU LANGAGE CHEZ LES ALIENEES, RUEFF ET CIE, 304P.

-SELVINI PALAZZOLI M. (1975) : LE BARRAGE DU CONDITIONNEMENT LINGUISTIQUE DANS LA THERAPIE DE LA FAMILLE DU SCHIZOPHRENE, EVOLUTION PSYCHIATRIQUE, XL, VOL 2, PP. 424-430.

-SEVESTR E. ET AL. (1980) : ALTERATION DE LA VOIX DANS LES SCHIZOPHRENIES ET LES PSYCHOSES MANIACO-DEPRESSIVES, EVOLUTION PSYCHIATRIQUE, T.45 (2), PP. 279-303.

-SIGRID HUNKE (1960), LE SOLEIL D'ALLAH BRILLE SUR L'OCCIDENT, ALBIN MICHEL, 1963, 414P

-SILLAMY N. (1980) : DICTIONNAIRE USUEL DE PSYCHOLOGIE, BORDAS, 1983, 767P.

-STOLLER ROBERT J. (1985) : MASCULIN OU FEMININ? P.U.F., 1989, 362P.

-TOBIN G. (1990) : LA SCHIZOPHRENIE AU QUOTIDIEN, EDITION ODILE JACOB, PARIS, 191P.

-TOLENTINO I. (1957) : INHIBITION DU LANGAGE ET MUTISME EN PSYCHOTHERAPIE : AUTODESCRIPTION DES MOTIVATIONS DU MUTISME PROLONGE PAR UNE SCHIZOÏDE, ACTA NEUROLOGICA BELGICA, N°12, VOL.57, PP. 935-971.

-TROGNON A. (1972) : ANALYSE AUTOMATIQUE DU DISCOURS EN PSYCHOLOGIE ET THEORIE DES ARTEFACTS EXPERIMENTAUX, BULLETIN DE PSYCHOLOGIE, N°304-5-9, PP. 280-286.

-TROGNON A. (1992) : L'APPROCHE PRAGMATIQUE EN PSYCHOLOGIE COGNITIVE, PSYCHOLOGIE FRANÇAISE, N°37-3-4, PP. 191-202.

-TROGNON A. (1985) : LE SCHIZOPHRENE, LA COHERENCE DU DISCOURS ET L'AUDITEUR, PSYCHANALYSE A L'UNIVERSITE, 10 (40), PP. 637-651.

-VYGOTSKY L. : PENSEE ET LANGAGE, ED SPECIALE, 1985, 419P.

-WACMSBERGER M. (1968) : CONTRIBUTION A L'ETUDE DU LANGAGE DANS LE TEST DE RORSCHACH, THESE, PARIS.

-WANNOUNOU P. (1976) : UNE ETUDE DES TROUBLES SEMANTIQUE DANS LA SCHIZOPHRENIE, THESE PARIS II, 230P.

-WALTER T. (1987) : CONSTELLATIONS FRATERNELLES ET STRUCTURES FAMILIALES, ESF, 182P.

-WATZLAWICK P., WEAKLAND J. ET FISCH R. (1975) : CHANGEMENTS : PARADOXES ET PSYCHOTHERAPIE, SEUIL, 189P.

-WATZLAWICK P. ET WEAKLAND J. (1977) : SUR L'INTERACTION, SEUIL, 1981, 495P.

-WIDLOCHER D. (1992) : SCHIZOPHRENIE ET ASPECTS RELATIONNELS, JOURNEE ORGANISEE PAR L'ASSOCIATION POUR LA METHODOLOGIE DE LA RECHERCHE EN PSYCHIATRIE ET LA SOCIETE DE PSYCHIATRIE DE L'EST. STRASBOURG. 21 NOVEMBRE 1992.
-WIDLOCHER D. ET HARDY-BAYLE M.C. (1989) : EXPLORATIONS DES ACTIVITES COGNITIVES DANS LA SCHIZOPHRENIE, L'ENCEPHALE, XV, 193-196.
-WIENER P. (1983) : STRUCTURE ET PROCESSUS DANS LA PSYCHOSE, P.U.F, 232P.

-WOLFSON L. (1964) : LE SCHIZO ET LES LANGUES, GALLIMARD, 1970, 273P.